Geschenke aus der Küche

100 Rezepte aus Brigitte

Herausgegeben von Dr. Barbara Rias-Bucher

Warum nicht einmal etwas Ausgefallenes mitbringen, wenn man eingeladen ist? Ob Geburtstagsfeiern, Diners, Umzüge oder Adventskaffees – mit diesen selbstgemachten Köstlichkeiten legen Sie bei jeder Gelegenheit Ehre ein.

Ein Brigitte-Buch bei Goldmann

INHALT

Kunterbunte Puppenkuchen

▶ Für etwa 20 Stück; Foto rechts

200 g Butter oder Margarine,
200 g Zucker, 2 Eier, 125 g Speisestärke, 125 g Mehl, 1 Teel. Backpulver;
ca. 150 g Schokoladenstreusel und Schokoladenplätzchen, bunte Zuckerstreusel, Zuckerfiguren und Gummibärchen für den Teig und zum Verzieren; ca. 20 Papier-Backförmchen (Durchmesser 50 mm);
Guß: 150 g Puderzucker,
2 Eßl. Zitronensaft.

Backofen auf 180 Grad/Umluft 160 Grad/Gas Stufe 2 vorheizen. Weiches Fett und Zucker mit den Quirlen des Handrührgerätes schaumig rühren. Eier unterrühren. Speisestärke, Mehl und Backpulver mischen und unterheben. Nach Belieben einige Schokoladenstreusel, -plätzchen oder Zuckerstreusel daruntermischen. Den Teig in die Papier-Backförmchen füllen. Die Förmchen auf ein Backblech setzen, in den Backofen schieben und in etwa 20 Minuten hellbraun backen. Auf einem Kuchengitter abkühlen lassen. Puderzucker und Zitronensaft verrühren. Die Kuchen damit bestreichen und mit Zuckerwerk und Gummibärchen verzieren (pro Stück ca. 230 Kalorien).

Schokolade-Marzipan-Kuchen

▶ Für 16 Stück

200 g Butter oder Margarine,
160 g Zucker, 1 Päckchen Vanillezucker, 40 g Marzipanrohmasse,
Salz, 3 Eier, 260 g Mehl,
1 Teel. Backpulver,
je 60 g Nougat-, und Vollmilch- und Zartbitterschokolade; Fett für die Form,
20 g Mandelblättchen.

Weiches Fett, Zucker, Vanillezucker, Marzipanrohmasse und eine Prise Salz mit den Quirlen des Handrührers glattrühren. Zuerst nacheinander die Eier, dann das mit Backpulver vermischte Mehl unterrühren. Die drei Schokoladensorten in kleine Würfel schneiden und unterheben. Eine Gugelhupfform fetten und mit Mandeln ausstreuen. Teig in die vorbereitete Form geben, in den Backofen schieben und bei 180 Grad/Umluft 150 Grad/Gas Stufe 2 etwa eine Stunde backen. Sollte die Oberfläche zu stark bräunen, ein Stück Pergamentpapier auflegen. Kuchen herausnehmen, zehn Minuten ruhen lassen, mit der Form umgedreht auf ein Kuchengitter stellen und so ganz auskühlen lassen (pro Stück ca. 290 Kalorien). Geschenkidee: Kuchen auf einer großen Platte mit Kerzen drumherum verschenken.

Mascarponetorte

▶ Für 12 Stücke

*Teig: 2 Eier, 100 g Zucker,
je 40 g Mehl und Speisestärke,
1/2 Teel. Backpulver, Fett für die Form;
Füllung: 500 g Mascarpone
(ersatzweise 250 g Speisequark 40 %
und 250 g Doppelrahmfrischkäse),
50 g Puderzucker, 4 Blatt weiße
Gelatine, 1/8 l frisch gepreßter
Orangensaft, 2 Eßl. Maracujasirup,
eventuell 2 Eßl. Kirschwasser,
500 g Himbeeren, 1 Päckchen roter
Tortenguß (Instant), 25 g Pistazien.*

Eiweiß und zwei Eßlöffel kaltes Wasser steif schlagen. Zucker unter ständigem Weiterschlagen einrieseln lassen. Eigelb nacheinander unterrühren. Mehl, Speisestärke und Backpulver mischen, darübersieben und vorsichtig unterziehen. Eine rechteckige Form oder eine Springform (Durchmesser 24 Zentimeter) am Boden fetten und mit gefettetem Pergamentpapier auslegen. Teig einfüllen, in den Backofen schieben und bei 180 Grad/Umluft 160 Grad/ Gas Stufe 2 etwa 30 Minuten backen. Mascarpone und Puderzucker gut verrühren. Die Gelatine in kaltem Wasser einweichen. Ausdrücken und in etwas heißem Orangensaft auflösen. Zusammen mit dem restlichen Orangensaft und Maracujasirup unter die Mascarponecreme ziehen. Tortenboden mit dem Kirschwasser beträufeln und mit der Creme bestreichen. Himbeeren verlesen und darauf verteilen. Tortenguß nach Anweisung zubereiten und die Früchte damit überziehen. Torte mit gehackten Pistazien bestreuen und im Kühlschrank mindestens eine Stunde ruhen lassen (pro Stück ca. 320 Kalorien).

Champagnertorte

▶ Für 16 Stücke

*Baiser: 2 Eiweiß, 65 g Zucker,
50 g Puderzucker, 1 Teel. Speisestärke;
Mürbeteig: 100 g Mehl, 1/2 Vanilleschote, 40 g Puderzucker, 1 Eigelb,
60 g Butter oder Margarine,
50 g weiße Kuvertüre;
Biskuit: 50 g Butter, 4 Eier,
180 g Zucker, 1 unbehandelte Zitrone,
je 100 g Mehl und Speisestärke;
Creme: 8 Blatt weiße Gelatine, 4 Eigelb,
75 g Zucker, 200 ccm trockener Sekt
oder Champagner, 1 Zitrone,
300 g Schlagsahne; 200 g Marzipanrohmasse, 100 g Puderzucker;
Puderzucker zum Bestäuben.*

Für das Baiser Eiweiß steif schlagen. Zucker unter ständigem Weiterschlagen einrieseln lassen. Puderzucker und Speisestärke gemischt auf den Eischnee sieben und locker unterheben. Masse in einen Spritzbeutel mit mittlerer Lochtülle füllen. Streifen auf ein mit Backtrennpapier ausgelegtes Backblech spritzen. In den Backofen schieben, auf 100 Grad schalten und 60 bis 70 Minuten backen. Abkühlen lassen. Für den Mürbeteigboden Mehl, ausgekratztes Vanillemark, Puderzucker, Eigelb und weiches Fett erst mit den Knethaken des Handrührers, dann mit den Händen verkneten. Teig in Folie verpackt zwei Stunden kalt stellen. Teig auf dem Boden einer Springform (Durchmesser 24 Zentimeter) ausrollen. Mit einer Gabel mehrmals einstechen und in den Backofen schieben. Bei 200 Grad/Umluft 170 Grad/Gas Stufe 3 in 20 bis 25 Minuten hellbraun backen. Abkühlen lassen. Zerbröckelte Kuvertüre im heißen Wasserbad schmelzen, auf den Tortenboden streichen und fest werden lassen. Für den Biskuit Butter bei kleiner Hitze zerlassen. Eiweiß steif schlagen. Zucker unter ständigem Weiterschlagen einrieseln lassen. Eigelb und abgeriebene Zitronenschale vorsichtig unterrühren. Mehl und Speisestärke mischen, auf den Teig sieben und unterheben. Abgekühlte, flüssige Butter unterziehen. Teig in einer mit Pergamentpapier ausgelegten Springform (Durchmesser 24 Zentimeter) glattstreichen. In den Backofen schieben und bei 180 Grad/Umluft 150 Grad/Gas Stufe 2 etwa 25 Minuten backen. Tortenboden abkühlen lassen und einmal durchschneiden. Für die Creme die Gelatine in kaltem Wasser einweichen. Eigelb, Zucker, Sekt und Zitronensaft mit den Quirlen des Handrührers im heißen Wasserbad hellschaumig schlagen. Ausgedrückte Gelatine darin auflösen. Die Creme im Kühlschrank halbfest werden lassen. Steifgeschlagene Sahne unterheben. Einen Tortenring um den Mürbeteigboden legen. Einen Biskuitboden darauflegen. Mit der Hälfte der Creme bestreichen. Zweiten Biskuitboden darauflegen und mit der restlichen Creme bestreichen. Torte für etwa zwei Stunden kalt stellen. Marzipanrohmasse mit Puderzucker verkneten und zwischen Klarsichtfolie zu einem Streifen (etwa 70 mal acht Zentimeter) ausrollen. Ring von der Torte entfernen. Marzipanstreifen um die Torte legen und fest andrücken, den oberen Rand leicht wellig formen. Baiserstäbchen auf der Torte verteilen und mit Puderzucker bestäuben (pro Stück ca. 435 Kalorien). Geschenkidee: Torte auf eine Platte geben, mit Veilchen und weißen Moosröschen oder mit Efeuranken umlegen. Dazu ein nostalgisches Gedichtbändchen schenken.

TiP Für die Champagnertorte braucht man nicht viel Übung, sondern nur Zeit und Geduld – dann kann nichts schiefgehen. Wem die Baiserstäbchen zuviel Arbeit machen, garniert mit kandierten Veilchen, Zuckermimosen, Silber- oder Goldperlen oder Schokolade-Dekoformen. Alles können Sie im Supermarkt oder in Süßwarenläden fertig kaufen.

Likörkonfekt

▶ Für etwa 25 Stück; Foto rechts, rechte Seite

150 g Butterkekse, 100 g Butter, 100 ccm Eierlikör, 50 g Walnußkerne, je 150 g weiße und dunkle Schokolade.

Kekse im Blitzhacker zerkleinern. Mit Butter und Eierlikör verrühren. Fein gehackte Walnüsse unterkneten. Die Masse kalt stellen. Kugeln daraus formen. Schokolade im Wasserbad schmelzen. Konfekt eintauchen und auf einem Kuchengitter trocknen lassen (pro Stück ca. 130 Kalorien).

Marzipanecken

▶ Für etwa 90 Stück; Foto rechts, unten

125 g Marzipanrohmasse, 50 g Puderzucker, 75 g gehackte Mandeln; 100 g Zartbitterschokolade, 100 g Butter, 100 g Puderzucker, 20 g Kakao, 2 Eßl. Rum (ersatzweise Schlagsahne), 30 g Vollmilchschokolade.

Die Marzipanrohmasse mit Puderzucker und Mandeln verkneten. Auf Klarsichtfolie zu einem Quadrat von 20 Zentimeter Seitenlänge ausrollen. Schokolade im Wasserbad schmelzen. Weiche Butter, Puderzucker und Kakao schaumig schlagen. Geschmolzene Schokolade und Rum unterrühren. Die Schokoladencreme auf das Marzipan streichen. Im Kühlschrank fest werden lassen. In zwei Zentimeter große Quadrate schneiden. Vollmilchschokolade schmelzen und in einen kleinen Plastikbeutel füllen. Eine kleine Beutelecke abschneiden. Die Quadrate gitterförmig mit der flüssigen Schokolade verzieren (pro Stück ca. 35 Kalorien).

Weinbrandtrüffel

▶ Für etwa 30 Stück; Foto rechts, links oben

100 g Vollmilchschokolade, 100 g Butter, 75 g Puderzucker, 2 Eßl. Weinbrand, etwa 30 Stanniolmanschetten (Durchmesser 2,5 cm)

Die zerbröckelte Schokolade im Wasserbad schmelzen. Weiche Butter und Puderzucker mit den Quirlen des Handrührgerätes dick schaumig schlagen. Flüssige Schokolade und Weinbrand unterrühren. Schokoladenmasse in einen Spritzbeutel mit kleiner Sterntülle füllen und kleine Häufchen in die Stanniolmanschetten spritzen. Die Trüffel im Kühlschrank fest werden lassen und kühl aufbewahren (pro Stück ca. 55 Kalorien).

Stachelbeeren mit Rosmarin

▶ Für 6 Gläser à ca. 350 g

1 kg nicht zu reife Stachelbeeren,
2 Rosmarinzweige, 200 g Zucker,
3/4 l Pfefferminztee.

Stachelbeeren putzen. Rosmarin mit Zucker und Pfefferminztee eine Minute kochen. Stachelbeeren zugeben und ein bis zwei Minuten kochen. Sofort in die vorbereiteten Gläser füllen und ganz heiß verschließen (pro Glas ca. 205 Kalorien).

TiP Die Stachelbeeren passen gut zu Lamm- oder Wildgerichten.

Eierlikör

▶ Für 1 Flasche von ca. 400 ccm

5 Eigelb, 75 g Puderzucker,
1 Vanilleschote, 1/4 l Weinbrand.

Eigelb, gesiebten Puderzucker und das ausgekratzte Mark der Vanilleschote mit den Quirlen des Handrührgerätes schlagen, bis die Masse hellgelb und dickschaumig ist. Weinbrand gleichmäßig unterrühren. Ein bis zwei Stunden zugedeckt im Kühlschrank stehenlassen, damit die eingeschlagene Luft entweichen kann. Eierlikör dann erst in eine Flasche füllen und kühl stellen. Der Likör hält sich im Kühlschrank etwa drei Wochen (ca. 1295 Kalorien).

TiP Der Eierlikör schmeckt mit einem Viertelliter Portwein zubereitet milder als mit Weinbrand.

Pfirsich-Mango-Konfitüre mit Safran

▶ Für 6 Gläser à 250 g

3 Kumquats (ersatzweise
1/2 unbehandelte Orange),
1 Eßl. Zucker (für die Kumquats),
1 Mango (ca. 400 g), 750 g Pfirsiche,
500 g Zucker, 1 Päckchen Gelierpulver
(für 1 kg Früchte und 500 g Zucker),
80 g gehackte Mandeln,
1 Tütchen Safranfäden.

Kumquats waschen, trockentupfen und in Scheiben schneiden. (Orange abwaschen und mit der Schale in kleine Stücke schneiden.) Mit Zucker vermischen und in einem Topf erhitzen, bis der Zucker leicht karamelisiert ist. Mango schälen. Das Fruchtfleisch vom Stein lösen und in kleine Stücke schneiden. Pfirsiche waschen, trockenreiben und halbieren. Stein herauslösen und das Fruchtfleisch kleinschneiden. Zwei Eßlöffel Zukker mit dem Gelierpulver mischen. Früchte mit dem restlichen Zucker unter Rühren zum Kochen bringen. Je nach Anweisung auf der Packung eine bis drei Minuten kochen. Gelierpulver unterrühren und eine Minute unter Rühren weiterkochen lassen. Die Safranfäden unterrühren. Heiß in vorbereitete Gläser füllen und verschließen (pro Glas ca. 540 Kalorien). Geschenkidee dazu: Gutschein vom Bäcker für vier Wochen Frühstücksbrötchen oder Zeitungs-Abo.

Sommergemüse

▶ Für 45 Portionen

180 g Salz, je 1 Eßl. Piment- und Korianderkörner, 6 Lorbeerblätter,
1 kg grüne Bohnen,
1 junger Wirsingkohl (etwa 1 kg),
1,5 kg junger Kohlrabi, 750 g Zucchini,
2 große Petersilienwurzeln (ca. 350 g),
500 g Sellerieknolle, 1 Eßl. Essig oder Zitronensaft, 1 kg Möhren,
300 g Zwiebeln, 3 rote Paprikaschoten;
2 Bund Estragon, eventuell
1 Flasche Brottrunk (aus dem Reformhaus oder Naturkostladen; 0,7 l).

Sieben Liter Wasser mit Salz, Piment, Lorbeer und Koriander aufkochen. Abkühlen lassen. Bohnen in Wasser zehn Minuten kochen, mit kaltem Wasser übergießen und abtropfen lassen. Zwei ganze Wirsingblätter auf den Boden eines Gefäßes (siehe Tip) legen, weitere zwei bis drei zum Abdecken aufheben. Restlichen Kohl in feine Streifen schneiden. Kohlrabi, Zucchini und Petersilienwurzeln in Scheiben schneiden. Sellerie und Möhren grob raffeln. Sellerie im Sieb kurz in Essig- oder Zitronenwasser tauchen, damit er nicht braun wird. Zwiebeln und Paprikaschoten achteln. Alle Gemüse und Estragonzweige in das Gefäß schichten, mit den restlichen Wirsingblättern bedecken. Abgekühltes Salzwasser mit Brottrunk mischen und darübergießen. Gefäß mit Deckel oder Einmachfolie bedecken und das Gemüse acht bis zehn Tage bei Zimmertemperatur stehenlassen. Dann in einen kühlen, dunklen Raum oder in den Kühlschrank stellen. Das Gemüse kann frühestens gegessen werden, wenn der Sud klar ist (pro Portion ca. 40 Kalorien).

TiP Für die große Gemüsemenge eignet sich ein Gärtopf, den man gleich mit verschenkt. Für weniger Gemüse nimmt man andere Steingutgefäße oder Einmachgläser. Wichtig: Die Lake muß das Gemüse bedecken. Kohlblätter obenauf sorgen dafür, daß nichts hochsteigen und aus dem Sud ragen kann.

Tomatenmark

▶ Für 1 Glas von ca. 150 g; Foto rechts

*1 kg ganz reife Tomaten,
8 Knoblauchzehen, je 1 Teel.
gemahlene Nelken, Koriander,
schwarzer Pfeffer, Edelsüß-Paprika
und Zimt, 4 Eßl. Olivenöl, Salz.*

Tomaten häuten und pürieren. Zerdrückte Knoblauchzehen, gemahlene Nelken, Koriander, schwarzen Pfeffer, Edelsüß-Paprika und Zimt in Olivenöl andünsten. Tomatenpüree zufügen und im offenen Topf etwa 30 Minuten kochen, bis die Masse dicklich geworden ist. Mit Salz abschmecken und ganz heiß in Twist-off-Gläser (siehe Tip) füllen. Das Tomatenmark hält sich im geschlossenen Glas etwa sechs Monate (ca. 625 Kalorien). Geschenkidee dazu: eine Flasche Olivenöl und ein Meterbrot für Crostini.

TiP Viele Lebensmittel gibt es in Twist-off-Gläsern zu kaufen: zum Beispiel Crème fraîche, Joghurt, Schlagsahne, Babykost und eingelegtes Gemüse. Alle diese Gläser knacken beim Öffnen hörbar. Zum Einkochen werden die sauberen Gläser mit heißem Wasser ausgespült. Tomatenmark, Chutney oder Konfitüre kochendheiß bis etwa zwei Zentimeter unter den Rand einfüllen, Deckel auflegen und fest zudrehen.

Gurken-Birnen-Chutney

▶ Für 3 Gläser à 450 g

*1 kg Schmorgurken, 500 g Birnen,
500 g Porree, 200 g getrocknete
Apfelringe, 3 unbehandelte Zitronen,
500 g brauner Rohrzucker,
1/4 l Kräuteressig, 2 Teel. Salz,
1/2 Teel. Cayennepfeffer,
evtl. 100 ccm Pfefferminzlikör.*

Gurken schälen, der Länge nach halbieren und die Kerne mit einem Teelöffel auskratzen. Gurkenhälften in Scheiben schneiden. Birnen schälen, vierteln, entkernen und würfeln. Porree putzen, waschen und in Ringe schneiden. Apfelringe halbieren. Zitronen gründlich waschen und würfeln. Gurken, Birnen, Porree, Zitronen- und Apfelstücke in einen großen Topf geben. Zucker, Essig, Salz und Cayennepfeffer zufügen und aufkochen. Pfefferminzlikör zugießen und alles bei mittlerer Hitze im offenen Topf etwa eineinhalb Stunden kochen lassen. Dabei ab und zu umrühren. Abschmecken. Ganz heiß in vorbereitete Gläser füllen und sofort verschließen (pro Glas ca. 680 Kalorien). Geschenkidee dazu: eine Auswahl an Currygewürzen aus dem Asienladen.

TiP Getrocknete, ungeschwefelte Apfelringe gibt es im Naturkostladen.

Salsa Verde

▶ Für 4 Portionen

2 Sardellenfilets, 30 g Pinienkerne,
2 Knoblauchzehen, 1 Bund Basilikum,
200 ccm kaltgepreßtes Olivenöl extra,
Salz, frisch gemahlener Pfeffer,
1 Eßl. schwarze Oliven.

Sardellenfilets sehr fein hacken. Pinienkerne grob mahlen. Knoblauch abziehen und zerdrücken. Basilikum fein schneiden. Oder alles in Blitzhacker oder Küchenmaschine zerkleinern. Vorbereitete Zutaten und Öl verrühren. Mit Salz und Pfeffer würzen. Oliven entkernen, hacken und dazugeben (pro Portion ca. 525 Kalorien). Geschenkidee dazu: Italien-Kochbuch oder ein hübsch verpacktes Paket Nudeln.

Eingelegte Kumquats

▶ Für 3 Gläser à 250 g

250 g Kumquats, je 1/8 l Obstessig und Apfelsaft, 200 g Zucker, 1 Stange Zimt, 2–3 Sternanis, einige Kardamomkapseln, 50 g Rosinen.

Kumquats heiß abwaschen und mit einer Nadel mehrmals einstechen. Essig und Apfelsaft mit Zucker, Zimtstange, Sternanis und Kardamom kochen, bis der Zucker gelöst ist. Kumquats und Rosinen zugeben und eine Minute kochen lassen. Sofort mit der Flüssigkeit in heiß ausgespülte Gläser geben und verschließen. Eine Woche ziehen lassen. Die Kumquats halten sich im Kühlschrank etwa vier Wochen (pro Glas ca. 400 Kalorien). Geschenkidee dazu: selbstgeschriebenes Wildrezept.

Himbeeren in Grappa

▶ Für 5 Gläser à 250 g

500 g Himbeeren, 250 g Zucker,
4 Gewürznelken, 1/2 l Grappa.

Himbeeren verlesen und in heiß ausgespülte Gläser geben. Zucker und einen Achtelliter Wasser mit den Gewürznelken aufkochen. Abkühlen lassen. Mit dem Grappa über die Früchte geben. Die Gläser verschließen und die Himbeeren mindestens drei Tage an einem dunklen, kühlen Ort durchziehen lassen (pro Glas ca. 480 Kalorien).

TiP Grappa-Himbeeren halten sich etwa vier Monate. Sie schmecken zu Eis, Quark oder mit Mineralwasser aufgefüllt als Longdrink.

Aprikosenkonfitüre

▶ Für 4 Gläser à 400 g

50 g getrocknete Aprikosen,
10 Orangen (etwa 800 ccm Saft),
1 Limette, 1 Vanilleschote,
300 g Walnußkerne, 40 g Butter,
170 g Zucker oder 200 g Honig,
1/2 Päckchen Gelierhilfe 2+1.

Getrocknete Aprikosen in einem Dreiviertelliter Wasser eine Stunde einweichen. Herausnehmen, abtropfen lassen und fein hacken. Mit Orangen- und Limettensaft, dünn abgeschnittener Limettenschale und dem Mark der Vanilleschote vermischen und fünf Minuten kochen. Walnußkerne grob hacken und in der Butter leicht anrösten. Nüsse, Zucker und Geliermittel zu den Aprikosen geben und eine Minute sprudelnd kochen lassen. In vorbereitete Gläser füllen (pro Glas ca. 890 Kalorien).

Erdbeer-Kokos-Konfitüre

▶ Für 3 Gläser à 400 g

150 g Kokosraspel, 900 g Erdbeeren,
500 g Gelierzucker (für 1 kg Früchte),
100 ccm Rum oder Weinbrand
(ersatzweise Orangensaft).

Kokosraspel ohne Fett in einer Pfanne hellbraun rösten (Vorsicht, die Raspel brennen schnell an). Erdbeeren vorbereiten und pürieren. Das Erdbeerpüree mit der Hälfte des Gelierzuckers vermischen und in einem großen Topf aufkochen. Den Rest vom Zukker und die Kokosraspel zufügen und drei Minuten sprudelnd kochen lassen. Rum unterrühren und die Konfitüre in vorbereitete Gläser füllen (pro Glas ca. 1170 Kalorien).

Quittensaft

▶ Für etwa 2 Liter

2 kg Quitten, 250 g Zucker.

Quitten gründlich abspülen und mit einem Tuch abreiben. Blütenansätze und Stiele herausschneiden. Fruchtfleisch grob zerkleinern und mit Zucker in einen Topf geben. So viel Wasser auffüllen, daß die Früchte leicht bedeckt sind (etwa 1 1/2 Liter). Im geschlossenen Topf etwa eineinhalb Stunden garen. Einen großen Durchschlag mit einem Mulltuch oder Küchentuch auslegen und auf eine Schüssel stellen. Quitten auf den Durchschlag schütten. Über Nacht abtropfen lassen, restlichen Saft ausdrücken. Aufgefangenen Saft nochmals erhitzen und etwa drei Minuten sprudelnd kochen lassen. Sofort in heiß ausgespülte Flaschen füllen (pro Flasche ca. 260 Kalorien).

Würzige Preiselbeeren

▶ Für 2 Gläser à ca. 400 g

500 g Preiselbeeren, 200 g Zucker, 1 Päckchen Gelierpulver (für 500 g Früchte), 3 Äpfel, 2 Lorbeerblätter, 2 Nelken, 2 Wacholderbeeren, 400 ccm Apfelsaft.

Preiselbeeren, zwei Eßlöffel Zucker und Geliermittel mischen. Apfelwürfel, Gewürze und Saft zugeben und zehn Minuten unter Rühren bei mittlerer Hitze kochen. Restlichen Zucker zugeben, aufkochen und eine Minute sprudelnd kochen lassen. Sofort in vorbereitete Gläser füllen und verschließen (pro Glas 650 Kalorien).

Senffrüchte

▶ Für 3 Gläser à ca. 500 g

1 Ananas, 500 g feste Aprikosen, 1 Honigmelone, 1/2 l Weinessig, 1/2 l Weißwein, 500 g Zucker, 200 g Rosinen, 1 Teel. Salz, 100 g Senfkörner, 2 rote Chilischoten, 1 Eßl. Senfmehl.

Von der Ananas die Krone abschneiden. Die Frucht so dick abschälen, daß dabei auch die dunklen Stellen entfernt werden. Fruchtfleisch in Stücke schneiden. Aprikosen überbrühen, abziehen und entsteinen. Melone in Spalten schneiden, entkernen und schälen. Einen Viertelliter Wasser mit Wein, Essig, Zucker, Rosinen, Salz und Senfkörnern verrühren und aufkochen. Früchte nacheinander je drei Minuten im Sud kochen. Herausnehmen und in Gläser füllen. Den Sud mit entkernten Chilischoten etwa fünf Minuten einkochen lassen. Senfmehl mit etwas kaltem Wasser verrühren, in den Sud geben und einmal aufkochen. Kochendheiß über die Früchte gießen. Die Gläser verschließen und mindestens vier Wochen kühl und dunkel stehen lassen, damit die Senffrüchte durchziehen können (pro Glas ca. 705 Kalorien).

Eingelegte Oliven

▶ Für 2 Gläser à ca. 300 g; Foto rechts

2 Töpfe frischer Estragon (ersatzweise 2 Eßl. getrockneter), 100 ccm kaltgepreßtes Olivenöl, 4 Eßl. Weißweinessig, 2 Knoblauchzehen, 500 g grüne Oliven mit Stein.

Estragonblättchen abzupfen, kurz abspülen und trockentupfen. Mit Olivenöl, Essig und zerdrücktem Knoblauch verrühren. Mit den Oliven vermischen und mindestens einen Tag durchziehen lassen (ca. 1550 Kalorien).

Schneewittchenkuchen

▶ Für 20 Stück

Teig: 4 Eier, 250 g Zucker, 250 g Mehl, 1/2 Päckchen Backpulver, Fett für das Blech, 2 Gläser Sauerkirschen ohne Steine (Einwaage 370 g); Creme: 3/4 l Milch, 2 Päckchen Vanillepuddingpulver, 4 Eßl. Zucker, 250 g Butter; Guß: 3 Eier, 3 Eßl. Kakao, 3 Eßl. Puderzucker, 1 Teel. Instant-Kaffee, 150 g Kokosfett.

Eier mit Zucker schaumig schlagen. Mehl und Backpulver unterrühren. Auf ein gefettetes Backblech (28 mal 34 Zentimeter) streichen und mit abgetropften Kirschen belegen. In den Backofen schieben und bei 200 Grad/Umluft 180 Grad/Gas Stufe 3 etwa 35 Minuten backen. Herausnehmen und gut abkühlen lassen. Aus Milch, Puddingpulver und Zucker nach Anweisung auf der Packung einen Pudding kochen. Etwas abkühlen lassen, bis er dieselbe Temperatur wie die Butter hat. Weiche Butter schaumig rühren. Den Pudding nach und nach unterrühren. Buttercreme auf den abgekühlten Kuchen streichen. Für den Schokoladenguß Eier, Kakao, Puderzucker und Kaffee glattrühren. Kokosfett schmelzen und unter die Schokoladenmasse rühren. Den Guß über den Kuchen geben. Im Kühlschrank fest werden lassen (pro Stück ca. 340 Kalorien).

TiP Der bunte Kuchen trägt Schneewittchens Farben: eine Creme (fast) so weiß wie Schnee, Kirschen so rot wie Blut und Schokolade so schwarz wie Ebenholz. Solo oder mit einem Märchenbuch dazu ist er ein wunderschönes Geschenk für liebe Freunde.

Petits fours mit Erdbeeren

▶ Für 28 Stück

30 g Vanillepuddingpulver, 300 ccm Milch, 1 Eßl. Zucker, 100 g Marzipanrohmasse, 75 g Puderzucker, Puderzucker zum Ausrollen, 1 fertiger Biskuittortenboden, 200 g dunkle Kuvertüre, etwa 250 g Erdbeeren zum Belegen.

Puddingpulver mit vier Eßlöffeln Milch und einem Eßlöffel Zucker verrühren. Restliche Milch aufkochen, das angerührte Puddingpulver unter kräftigem Rühren zugeben und aufkochen lassen. Topf vom Herd nehmen, Pudding abkühlen lassen. Marzipan mit Puderzucker verkneten und auf einer mit Puderzucker bestreuten Arbeitsplatte dünn ausrollen. Aus Biskuitboden und Marzipan je 28 Kreise (Durchmesser vier Zentimeter) ausstechen. Die Teigkreise mit je einem halben Teelöffel Pudding bestreichen und mit Marzipan belegen. Kuvertüre im Wasserbad schmelzen. Erdbeer-Törtchen auf eine Gabel legen, über den Kuvertürentopf halten und die Kuvertüre mit einem Eßlöffel darüberlaufen lassen. Petits fours auf ein Kuchengitter legen, mit ganzen oder halbierten Erdbeeren belegen, gut abtropfen und im Kühlschrank fest werden lassen (pro Stück ca. 95 Kalorien).

Maronentörtchen

▶ Für 12 Stück

Teig: 250 g Mehl, 75 g Puderzucker, 1 Vanilleschote, Salz, 2 Eigelb, 125 g Butter oder Margarine; Mehl zum Ausrollen, Fett für die Förmchen; Füllung: 2 Eigelb, 125 g Zucker, 2 Eßl. Crème fraîche, eventuell 1 Eßl. Rum, 1 Dose Maronenpüree (440 g), 40 g Mandelblättchen; Puderzucker zum Bestäuben.

Mehl, Puderzucker, ausgekratztes Vanillemark, Salz, Eigelb und weiches Fett zu einem glatten Teig verkneten. In Folie verpackt etwa eine Stunde kalt stellen. Teig portionsweise auf wenig Mehl etwa drei Millimeter dick ausrollen und Brioche-Förmchen (Durchmesser acht Zentimeter) damit auslegen. Teigböden mit einer Gabel mehrmals einstechen. Bei 175 Grad/Umluft 150 Grad/Gas Stufe 2 etwa 20 Minuten backen. Aus den Förmchen nehmen und abkühlen lassen. Für die Füllung Eigelb und Zucker schaumig schlagen. Crème fraîche und Rum zugeben. Maronenpüree nach und nach unterrühren. Die Creme in die Mürbeteigtörtchen füllen und glattstreichen. Mit Mandeln bestreuen und mit Puderzucker bestäuben (pro Stück ca. 345 Kalorien).

Madeleines

▶ Für 24 Stück

150 g Butter oder Margarine, 200 g Mehl, 175 g Zucker, 3 Eier, 1 Eßl. Crème fraîche, Salz, 1 Teel. Backpulver; Fett und Mehl für die Form.

Fett erhitzen und abkühlen lassen. Die restlichen Zutaten mit den Quirlen des Handrührers verrühren. Nach und nach das flüssige Fett unterrühren. Teig im Kühlschrank eine Stunde ruhenlassen. Eine Madeleines-Form ausfetten und mit Mehl bestäuben. Jede »Kuhle« mit zwei Teelöffel Teig füllen. Madeleines in den Backofen schieben und bei 175 Grad/Umluft 150 Grad/Gas Stufe 2 etwa 20 Minuten goldbraun backen. Heiß aus der Form stürzen (pro Stück ca. 125 Kalorien). Geschenkidee: Madeleines-Form.

Geschenkanhänger aus dem Ofen

▶ Für etwa 50 Stück

1 1/2 Tassen Schlagsahne, 2 1/2 Tassen brauner Zucker, 1 1/4 Tassen dunkler Sirup, 1 Eßl. gemahlener Ingwer, 1 Eßl. abgeriebene Zitronenschale, 2 Eßl. Backpulver (bei großen Tassen etwas mehr), 9 Tassen Mehl; Mehl zum Formen, Fett und Mehl für die Bleche; Lebensmittelfarben, Zuckerguß, Liebesperlen zum Verzieren und Beschriften.

Die Sahne schlagen, dann Zucker, Sirup, Ingwer, Zitronenschale und Backpulver zugeben und gut verrühren. Das Mehl nach und nach zugeben und zum Schluß mit den Händen unterkneten. Den Teig über Nacht kühl ruhenlassen. Am nächsten Tag auf Mehl ausrollen und mit Keks-Ausstechformen oder Schablonen zu Figuren, Herzchen, Sternen oder Namensschildchen formen. Die Anhänger mit Löchern versehen oder aus Teigresten ganz dünne »Würstchen« rollen und als Ösen an die Anhänger kleben. Die Anhänger auf gefettete Backbleche legen und bei 180 Grad/Umluft 160 Grad/Gas Stufe 2 etwa 20 Minuten lang backen, bis sie einen leicht braunen Rand haben. Vom Blech lösen und auf einem Kuchengitter abkühlen lassen. Nach Wunsch mit Lebensmittelfarben bemalen oder mit gefärbtem Zuckerguß beschriften. Nach dem Trocknen in einer Schachtel aufbewahren (pro Stück ca. 135 Kalorien).

TiP Mit den selbstgebackenen Anhängern bekommt auch das kleinste Geschenk einen ganz persönlichen Gruß. Die Anhänger können Sie auf Vorrat backen: Der Lebkuchen-Teig läßt sich wie Ton formen und bleibt an der Luft sehr hart. Falls Sie die Anhänger auch zum Essen verschenken wollen: In einer Blechdose werden sie weich.

Nußhäppchen

▶ Für 60 Stück

100 g Weizen, 100 g gemahlene Mandeln, 3 Eßl. Ahornsirup, Salz, 75 g Butter oder Margarine, 6 Teel. Haselnußmus (aus dem Reformhaus), 3 Teel. Honig, 4 Eßl. Schlagsahne, ca. 40 Walnußhälften, ca. 80 Haselnußkerne, 250 g Zucker.

Weizen fein mahlen und mit Mandeln, dem Ahornsirup, einer Prise Salz und weichem

Fett zu einem glatten Mürbeteig verkneten. Etwa eine Stunde im Kühlschrank ruhenlassen. Inzwischen Haselnußmus mit flüssigem Honig und Schlagsahne verrühren. Eine rechteckige Backform (28 mal 20 Zentimeter; ersatzweise eine Springform von 22 Zentimeter Durchmesser) mit dem Teig auslegen und einen fingerhohen Rand formen. Teigboden mit einer Gabel mehrmals einstechen. Die Nußpaste auf den Teig streichen. Den Kuchen in den Backofen schieben und bei 180 Grad/Umluft 160 Grad/Gas Stufe 2 etwa 30 Minuten backen. Walnußhälften und Haselnußkerne auf dem Kuchen verteilen. Abkühlen lassen. Zucker in einer Pfanne unter ständigem Rühren schmelzen. 75 Kubikzentimeter Wasser zugeben und zu einer glatten Masse rühren, dabei die Pfanne ab und zu von der Kochstelle nehmen, damit der Karamel nicht zu dunkel wird. Karamel gleichmäßig über die Nüsse geben. Kuchen abkühlen lassen und in nußgroße Stücke schneiden (pro Stück ca. 90 Kalorien).

TiP Die Nußhäppchen bestehen aus lauter vollwertigen Zutaten – bis auf den üppig-süßen Karamel obenauf. Strengen Vollwertköstlern sollten Sie die feinen Happen deshalb besser ohne Zuckerglasur schenken – vielleicht mit einem Vollkorn-Backbuch.

Hefekranz für den Osterbrunch

▶ Für 6 Portionen

500 g Mehl, 1 Päckchen Trockenhefe,
50 g Zucker, Salz, 250 g saure Sahne,
1 Ei, 100 g Butter oder Margarine,
3 Eßl. Rum (ersatzweise Orangensaft),
1 unbehandelte Zitrone,
40 g gehackte Mandeln, 150 g Rosinen;
Fett und Mehl für das Blech;
zum Bestreichen: 1 Eigelb, 3 Eßl. Milch.

Mehl, Hefe , Zucker und eine gute Prise Salz in einer Schüssel mischen. Lauwarme Sahne, Ei, weiche Fettflöckchen, Rum und abgeriebene Zitronenschale zufügen. Teig mit den Knethaken des Handrührers etwa fünf Minuten verrühren, bis er Blasen bildet und sich vom Schüsselrand löst. Mit Mehl bestäuben und etwa 45 Minuten bei Zimmertemperatur gehen lassen, bis er sein Volumen verdoppelt hat. Mit den Händen kräftig durchkneten, dabei Mandeln und Rosinen unterkneten. Teig halbieren und zwei lange dünne Stränge formen. Stränge zu Kordeln winden und auf einem gefetteten, mit Mehl bestäubten Blech zum Ring zusammenlegen. Mit verquirltem Eigelb und Milch bestreichen. Hefekranz bei 200 Grad/Umluft 180 Grad/Gas Stufe 4 etwa 50 Minuten backen (pro Portion ca. 690 Kalorien).

Nußmonde

▶ Für etwa 90 Stück; Foto rechts, oben

Je 75 g gesalzene Erdnußkerne und Salzmandeln, 100 g Mehl, 100 g Butter oder Margarine, je 1/2 Teel. milder Curry und Salz, 1 Eßl. Crème fraîche, 1 Eigelb, 3–5 Eßl. Mohn, Fett für die Bleche.

Nüsse und Mandeln im Blitzhacker fein zerkleinern. Mit Mehl, weichem Fett, Curry, Salz und Crème fraîche verkneten und mindestens 30 Minuten kühlen. Zwischen Klarsichtfolie etwa drei Millimeter dick ausrollen. Monde ausstechen, mit Eigelb bestreichen und mit Mohn bestreuen. Auf gefettete Backbleche legen und bei 180 Grad/Umluft 160 Grad/Gas Stufe 2 etwa 15 Minuten backen (pro Stück ca. 25 Kalorien).

Cräcker

▶ Für etwa 110 Stück; Foto rechts, unten

60 g Schweineschmalz (ersatzweise Margarine), 180 g Weizenmehl (Type 405), 70 g Weizenmehl (Type 1050), 1/2 Teel. Backpulver, je 1/2 Teel. Salz und getrocknete provenzalische Kräutermischung, Fett für die Bleche.

Kaltes Fett in kleine Flöckchen teilen. Mit den restlichen Zutaten vermischen. Etwa sieben Eßlöffel Wasser nach und nach zufügen. Mit den Händen etwa zehn Minuten verkneten. Teig 30 Minuten ruhen lassen. Dünn ausrollen und mit einer Tasse Kreise ausstechen. Kreise bis zur Mitte einschneiden und zu Tüten formen. Auf gefettete Backbleche legen und bei 180 Grad/Umluft 160 Grad/Gas Stufe 2 etwa 20 Minuten backen (pro Stück ca. 15 Kalorien).

Käseecken

▶ Für etwa 60 Stück; Foto rechts, Mitte

150 g Mehl, 100 g Butter oder Margarine, 100 g Parmesankäse, 2 Eigelb, 1 Teel. Edelsüß-Paprika. Fett für die Bleche.

Mehl, weiches Fett, 80 Gramm geriebenen Käse, ein Eigelb und Paprika verkneten. Teig 30 Minuten kalt stellen. Zwischen Klarsichtfolie etwa drei Millimeter dick ausrollen. Mit einem scharfen Messer Dreiecke oder Rauten ausschneiden. Mit dem restlichen Eigelb bestreichen und dick mit dem restlichen geriebenen Käse bestreuen. Die Käseecken auf gefettete Backbleche legen und bei 180 Grad/Umluft 160 Grad/Gas Stufe 2 in zwölf bis 15 Minuten goldgelb backen (pro Stück ca. 30 Kalorien).

Shortbread

▶ Für 8 Stücke

200 g Mehl, 50 g Zucker,
1 Päckchen Vanillezucker,
100 g Butter oder Margarine,
100 g getrocknete Aprikosen.

Mehl, Zucker, Vanillezucker und weiches Fett in Flöckchen erst mit den Knethaken des Handrührgerätes, dann mit den Händen verkneten. Aprikosenwürfel unterkneten. Teig auf einem mit Backtrennpapier ausgelegten Backblech mit den Händen zu einem Kreis (Durchmesser etwa 22 Zentimeter) auseinanderdrücken. In den Teigrand mit einer Gabel ringsherum Rillen drücken und die Teigoberfläche mehrmals einstechen; so bekommt das Shortbread das typische Muster. Das Shortbread mindestens eine Stunde kalt stellen, dann bei 175 Grad/Umluft 150 Grad/Gas Stufe 2 in etwa 30 Minuten goldbraun backen. Das fertige Gebäck sofort in Stücke schneiden, wieder zu einem Kreis zusammenlegen und 30 Minuten auf dem Blech ruhen lassen. Zum Abkühlen auf ein Kuchengitter legen (pro Stück ca. 255 Kalorien). Geschenkidee dazu: Assamtee.

TiP Das zarte, mürbe Teegebäck aus Schottland sieht in Zellophan verpackt am schönsten aus.

Rumtrüffel

▶ Für etwa 50 Stück; Foto Umschlag vorne, Innenseite

300 g dunkle Kuvertüre,
125 g Schlagsahne, 30 g Butter,
30 g Kokosfett, 100 ccm Rum,
100 g Schokoladenraspel.

Die Kuvertüre grob hacken und in der Schlagsahne im heißen Wasserbad schmelzen. Butter und Kokosfett dazugeben, schmelzen lassen und kalt stellen. Halbfeste Trüffelmasse mit den Quirlen des Handrührers hellschaumig aufschlagen. Rum langsam dazugießen. Die Trüffelmasse in einen Spritzbeutel mit großer Lochtülle füllen und walnußgroße Häufchen auf Alufolie spritzen. Trüffel mindestens 30 Minuten in das Gefriergerät stellen. Mit möglichst kalten Händen schnell zu Kugeln rollen und in Schokoladenraspeln wälzen. Kühl aufbewahren (pro Stück ca. 55 Kalorien).

TiP Statt Rum können Sie andere Schnäpse oder Liköre nehmen. Für Kokostrüffel zum Beispiel bereiten Sie die Trüffel wie oben beschrieben mit weißer Kuvertüre und 100 Kubikzentimeter Kokoslikör zu und wälzen sie zum Schluß in feinen Kokosraspeln.

Baumkuchenspitzen

▶ Für 60 Stück

*200 g Marzipanrohmasse,
100 g Puderzucker, 250 g Butter
oder Margarine, 250 g Zucker,
1 Vanilleschote, 6 Eier, 125 g Mehl,
125 g ungeschälte gemahlene Mandeln,
1/4 Teel. Kardamom; Fett für die Form,
300 g dunkle Kuvertüre.*

Backofen oder Backofengrill auf 250 Grad/ Umluft 230 Grad/Gas Stufe 5 vorheizen. Marzipan mit Puderzucker verkneten. Weiches Fett, Zucker, Vanillemark und Eigelb schaumig rühren. Mehl, Mandeln und Kardamom unterrühren. Steifgeschlagenes Eiweiß unterheben. Rehrückenform (Länge 30 Zentimeter) fetten. Zwei Eßlöffel Teig auf dem Boden der Form verteilen und hellbraun backen: Unter dem Grill dauert das Backen jeder Schicht drei bis vier Minuten, im Backofen etwas länger. Nacheinander drei weitere Teigschichten aus jeweils zwei Eßlöffel Teig backen. Die Hälfte des Marzipans zwischen Klarsichtfolie so groß wie die Kuchenform ausrollen. Auf den gebackenen Teig legen und mit Teig bestreichen. Weitere drei bis vier dünne Teigschichten backen. Das restliche Marzipan ausrollen und auf den Teig legen. Weiterarbeiten, bis der Teig verbraucht ist. Kuchen aus der Form lösen und abkühlen lassen. In 20 Scheiben schneiden und jede Scheibe dritteln. Kuvertüre im Wasserbad schmelzen. Baumkuchenspitzen in die Kuvertüre tauchen und trocknen lassen (pro Stück ca. 130 Kalorien). Geschenkidee dazu: Glasschale oder Champagner.

TiP Damit der Teig nicht verbrennt, müssen Sie den Abstand zum Grill vergrößern, je höher der Kuchen wird.

Whiskytrüffel

▶ Für etwa 50 Stück

*100 g Zartbitterschokolade,
50 g Vollmilchschokolade, 125 g Butter,
125 g Puderzucker, 3 Eßl. Kakao,
2 cl Whisky; etwa 50 Stanniolmanschetten (Durchmesser 2,5 cm);
1 Eßl. gehackte Mandeln
und Pistazien zum Bestreuen.*

Beide Sorten Schokolade in einen Topf geben und im Wasserbad schmelzen. Weiche Butter mit Puderzucker schaumig rühren. Kakao, Whisky und warme Schokolade löffelweise unterrühren. In einen Spritzbeutel mit Sterntülle füllen und 15 Minuten kühlen. Häufchen in die Manschetten spritzen. Mit Mandeln oder Pistazien bestreuen. Im Kühlschrank fest werden lassen und kühl aufbewahren (pro Stück ca. 50 Kalorien).

Orangenpralinen

▶ Für etwa 80 Stück; Foto rechts

120 g Butter, 60 g Puderzucker, 180 g Mehl, 1 Päckchen Vanillezucker, Salz, 2 Eigelb; 300 g Marzipanrohmasse, 8 Eßl. Orangen-Likör, 100 g Orangeat, 1 Päckchen Orangenschalen-Aroma, 120 g gemahlene Mandeln; Mehl für die Arbeitsfläche; 300 g dunkle Kuvertüre.

Weiche Butter, Puderzucker, Mehl, Vanillezucker, eine Prise Salz und Eigelb zu einem glatten Mürbeteig verkneten. Teig in Folie gewickelt eine Stunde kühl stellen. Inzwischen Marzipanrohmasse, Orangen-Likör, die Hälfte des feingehackten Orangeats, Orangenschalen-Aroma und Mandeln verkneten. Beiseite stellen. Teig auf wenig Mehl zwei bis drei Millimeter dick ausrollen. 80 runde Plätzchen (Durchmesser drei Zentimeter) ausstechen und auf mit Backtrennpapier ausgelegte Backbleche legen. Bei 180 Grad/Umluft 160 Grad/Gas Stufe 2 etwa 20 Minuten hellgelb backen; die Plätzchen auf dem zweiten Blech brauchen etwa 15 Minuten. Marzipanmasse in einen Spritzbeutel mit kleiner runder Spritztülle füllen. Kleine Kegel auf die Plätzchen spritzen und etwa eine Stunde bei Zimmertemperatur trocknen lassen. Die Kuvertüre im Wasserbad schmelzen. Pralinen auf eine Pralinengabel oder eine normale Gabel setzen und in die Kuvertüre tauchen. Auf Kuchengittern abtropfen lassen. Bevor die Kuvertüre fest ist, Pralinen mit dem restlichen Orangeat verzieren (pro Stück ca. 80 Kalorien).

Walnußherzen

▶ Für etwa 35 Stück

100 g Walnußkerne, 100 g Zartbitterschokolade, 50 g Cornflakes, 50 g Butter oder Margarine, 50 g Puderzucker, 1 Eigelb, 50 g Mehl; Fett für das Blech; 100 g dunkle Kuvertüre, 30 g weiße Schokolade, 1 Messerspitze Kokosfett.

Nüsse, Schokolade und Cornflakes getrennt im Blitzhacker fein zerkleinern. Mit weichem Fett, Puderzucker, Eigelb und Mehl verkneten. Den Teig eine Stunde kalt stellen. Zwischen Klarsichtfolie etwa vier Millimeter dick ausrollen (der Teig ist sehr weich). Herzen ausstechen und auf ein gefettetes Backblech legen. In den Backofen schieben, auf 180 Grad/Umluft 160 Grad/Gas Stufe 2 schalten und etwa 15 Minuten backen. Kuvertüre im Wasserbad schmelzen. Die Herzen damit bestreichen. Weiße Schokolade mit dem Kokosfett im Wasserbad schmelzen. Die Walnußherzen damit verzieren (pro Stück ca. 90 Kalorien).

Weinbrandaprikosen

▶ Für 5 Gläser à ca. 350 g

1 kg Aprikosen, 1 Limette (ersatzweise 1 kleine unbehandelte Zitrone), 1 Stück frischer Ingwer (ca. 5 cm), 250 g Zucker, 300 ccm Weinbrand, 6 Pimentkörner.

Aprikosen mit kochendem Wasser übergießen und die Haut abziehen. Die Früchte halbieren und entsteinen. Mit etwas Limettensaft beträufeln. Ingwer dünn schälen und in feine Streifen schneiden. Zucker bei mittlerer Hitze unter Rühren schmelzen, bis er hellbraun geworden ist. Von der Kochstelle nehmen und den Weinbrand zugießen. Alles unter Rühren kochen, bis der Karamel gelöst ist. Aprikosen, Limettenstücke, Ingwer und Piment zugeben. Unter leichtem Rühren aufkochen und bei kleinster Hitze zwei Minuten dünsten. In saubere, heiß ausgespülte Gläser (siehe Tip Seite 12) füllen und sofort verschließen (pro Glas ca. 530 Kalorien).

TIP Das Einkochen funktioniert schnell und perfekt, wenn die Gläser heil sind und die Deckel fest schließen. Durch das Kochen werden die Früchte keimfrei gemacht. Beim Abkühlen im verschlossenen Glas entsteht ein Vakuum, das den Inhalt vor dem Verderben schützt.

Feiner Orangenlikör

▶ Für etwa 1 Liter

4 große Orangen, 250 g Zucker, 1 Flasche (0,7 l) Doppelkorn.

Orangen auspressen, Saft mit dem Zucker erhitzen, aber nicht aufkochen. Mit Doppelkorn vermischen. Zugedeckt über Nacht stehen lassen. Am nächsten Tag ein feines Sieb mit einem Mulltuch auslegen. Likör durch das Sieb filtern. Mit einem Trichter in eine hübsche Flasche füllen, zustöpseln und vor dem Verschenken in einem kühlen dunklen Raum etwa eine Woche ziehen lassen (insgesamt ca. 2775 Kalorien).

TIP Der Likör schmeckt ungekühlt am besten. Auch bei Zimmertemperatur aufbewahrt, hält er sich etwa vier Wochen.

Johannisbeerlikör

▶ Für etwa 1 Liter

600 g schwarze Johannisbeeren, 1 1/2 Stangen Zimt, 4 Nelken, 750 ccm Kornbranntwein, 250 g Kandiszucker.

Johannisbeeren kalt abspülen, trockentupfen und mit den Stengeln in eine weithalsige, helle Flasche geben. Zimt, Nelken und Branntwein zugeben. In der geschlossenen Flasche an einem hellen Platz etwa zwei Monate stehenlassen. Durch einen Filter gießen. Kandiszucker in der Flüssigkeit auflösen. Likör in eine Flasche geben und verschließen (insgesamt ca. 2870 Kalorien).

Kirschkonfitüre

▶ Für 2 Gläser à ca. 250 g

100 g Marzipanrohmasse,
2 Eßl. Orangensaft, 400 g Kirschen,
200 g Extra-Gelierzucker,
3 Eßl. Mandellikör (ersatzweise
1 Eßl. Orangensaft).

Marzipan sehr fein würfeln. In einem Topf mit Orangensaft verrühren und bei kleiner Hitze unter Rühren schmelzen. Kirschen entsteinen, mit Gelierzucker und Marzipan verrühren. Nach Anweisung auf der Gelierzuckerpackung erhitzen und kochen. Mandellikör unterrühren, die kochendheiße Konfitüre in vorbereitete Gläser füllen und verschließen (pro Glas ca. 770 Kalorien).

TiP Die Konfitüre können Sie zu jeder Jahreszeit kochen: im Herbst mit Zwetschen, im Winter mit Orangen.

Erdbeer-Möhren-Konfitüre

▶ Für 3 Gläser à ca. 400 g

350 g Möhren, 600 g Erdbeeren,
500 g Gelierzucker (für 1 kg Früchte),
1 Bund Zitronenmelisse, 2 Sternanis,
4 Eßl. Anisschnaps (ersatzweise
1/2 Teel. gemahlener Anis).

Möhren schälen und in sehr feine Streifen schneiden. Die Erdbeeren vorbereiten, große Früchte grob zerkleinern. Mit den Möhren in einen Topf geben und mit dem Gelierzucker mischen. Etwa zwei Stunden stehenlassen. Sternanis zufügen und unter ständigem Umrühren aufkochen. Erdbeermus drei Minuten sprudelnd kochen lassen. Zitronenmelisse eventuell kurz kalt abspülen und gut trockentupfen. Die Blättchen abzupfen, grob zerkleinern und mit dem Anisschnaps unter die Konfitüre rühren. Konfitüre heiß in vorbereitete Gläser füllen und sofort verschließen (pro Glas ca. 780 Kalorien).

TiP Zum Vorbereiten die Erdbeeren nur kurz kalt abspülen und nicht im Wasser liegen lassen. Stiele und Blüten erst nach dem Waschen entfernen, sonst saugen sich die Früchte voll Wasser.

Lorbeeröl

▶ Für etwa 1/2 l

6 frische Lorbeerblätter, 1 Bund Thymian, je 1/4 l Kürbiskernöl und kaltgepreßtes Olivenöl.

Lorbeer und Thymian waschen, trockenschwenken und etwa einen Tag bei Zimmertemperatur trocknen lassen. Kräuter in ein vorbereitetes Glas geben und mit den beiden Ölsorten begießen. Glas fest verschließen. Das Öl zwei Wochen kühl und dunkel stehenlassen. Ohne die Kräuter in eine vorbereitete Flasche abgießen und zustöpseln (insgesamt ca. 4470 Kalorien).

Brombeeressig

▶ Für etwa 1/2 l

250 g Brombeeren, 1/4 l Weißweinessig, 1/8 l Aceto balsamico (Balsamessig).

Brombeeren vorbereiten und in ein Glas geben. Mit den beiden Essigsorten übergießen. Glas mit einem Tuch und einem festsitzenden Gummiband verschließen. Den Essig an einem warmen Platz zehn Tage stehenlassen. In eine vorbereitete Flasche filtern und zustöpseln (insgesamt ca. 100 Kalorien).

TiP Kaltgepreßtes Öl und guten Weinessig können Sie mit Kräutern, Beeren und Gewürzen in eine Spezialität verwandeln. Die Aroma-Zutaten müssen nach dem Waschen wieder trocknen. Außerdem sollen sie höchstens drei Wochen in Öl oder Essig ziehen. Dann entfernt man sie und filtert die Flüssigkeit. Die Gefäße vorher heiß spülen und trocknen – am besten im warmen Backofen.

Gewürzsenf

▶ Für 1 Glas von ca. 150 g

200 g Zwiebeln, 3 Knoblauchzehen, 1/4 l Kräuteressig, 1/2 Bund Estragon, 2 Eßl. eingelegte grüne Pfefferkörner, 1/2 Teel. Nelkenpulver, 4 Lorbeerblätter, etwa 1/2 Eßl. Salz, Zucker, 4 Eßl. mildes Senfpulver.

Abgezogene Zwiebeln und Knoblauch pürieren. Mit Essig mischen und aufkochen. Gehackten Estragon, zerdrückte Pfefferkörner, Nelkenpulver und zerstoßenen Lorbeer unterrühren. Mit Salz und Zucker würzen. Bei kleiner Hitze unter Rühren 30 Minuten kochen. Senfpulver unterrühren. In ein vorbereitetes Glas füllen und verschließen. Der Senf hält sich im Kühlschrank etwa zwei Monate (ca. 240 Kalorien).

Feine Forellenterrine

▶ Für 20 Portionen

10 Blatt weiße Gelatine,
1 Glas Fischfond (400 ccm),
1 Päckchen TK-Suppengrün (75 g),
5 weiße Pfefferkörner,
4 küchenfertige Forellen à ca. 500 g,
300 g Crème fraîche, 1 Bund Dill,
1/2 Bund Petersilie, 1/2 Zitrone,
Salz, frisch gemahlener Pfeffer.

Gelatine in kaltem Wasser einweichen. Fischfond mit einem halben Liter Wasser, Suppengrün und Pfefferkörnern aufkochen. Fisch zugeben und zehn Minuten bei kleiner Hitze köcheln lassen. Brühe durch ein feines Sieb gießen und bei großer Hitze auf etwa einen Viertelliter einkochen lassen. Fische von Haut und Gräten befreien und im Mixer fein pürieren. Crème fraîche und gehackte Kräuter (eventuell etwas Dill aufheben) zugeben. Gelatine aus dem kalten Wasser nehmen, gut ausdrücken, in der heißen Fischbrühe auflösen, abkühlen lassen und unter den pürierten Fisch rühren. Mit Zitronensaft, Salz und Pfeffer kräftig abschmecken. Fischcreme in eine mit Folie ausgelegte Rehrückenform (1 Liter) füllen und mindestens vier Stunden in den Kühlschrank stellen, damit sie fest wird. Terrine aus der Form nehmen. Vor dem Servieren mit Dill garnieren (pro Portion ca. 120 Kalorien).

TiP Die Terrine können Sie auf eine Platte stürzen, mit Dill und Limetten- oder Zitronenscheiben garnieren, in einen Bogen Zellophan packen und dekorativ mit bunten Bändern verzieren. Oder in eine schöne Terrinenform füllen, in der Sie sie dann verschenken.

Geflügelleber-Mousse

▶ Für 6 Portionen

300 g Hähnchenleber, 1 Eßl. Butter oder Margarine, Salz, frisch gemahlener Pfeffer, 100 ccm Portwein (ersatzweise Traubensaft), 200 g Butter, 2 Eßl. Crème fraîche.

Die Hähnchenleber waschen, trockentupfen und in kleine Stücke schneiden. Dabei Sehnen und Adern entfernen. Leber von allen Seiten in heißem Fett in etwa fünf Minuten braten, bis sie ganz durchgegart und leicht gebräunt ist. Salzen, pfeffern und aus der Pfanne nehmen. Mit Portwein begießen und über Nacht kühl stellen. Leber abtropfen lassen und pürieren. Butter schmelzen. Lauwarm nach und nach zusammen mit der Crème fraîche zugeben. Mousse durch ein feines Sieb streichen und mit Salz und Pfeffer nachwürzen. Bis zum Verschenken kalt stellen (pro Portion ca. 365 Kalorien).

Schmalz mit Backpflaumen und Walnüssen

▶ Für 30 Portionen; Foto rechts

500 g Flomen, 150 g frischer Speck (ersatzweise durchwachsener Räucherspeck),
125 g entsteinte Backpflaumen,
100 g Walnußkerne, 2–3 Teel. Salz,
eventuell frischer Thymian oder Majoran zum Garnieren.

Flomen und Speck vom Metzger durch den Fleischwolf drehen lassen. Die beiden Zutaten und eine Tasse Wasser in einen Topf geben und bei kleiner bis mittlerer Hitze unter gelegentlichem Umrühren so lange erhitzen, bis das Fett flüssig ist. Backpflaumen und Nüsse grob hacken und in das Fett geben. Einmal aufkochen lassen. Mit Salz würzen und in ein Gefäß geben. Über Nacht bei Zimmertemperatur fest werden lassen. Einmal umrühren, mit frischem Thymian oder Majoran garnieren (pro Portion ca. 220 Kalorien). Geschenkidee: Schmalz in einem – eventuell selbstgetöpferten – Tontöpfchen verschenken.

TiP Schmalz kann man gut vorbereiten; es hält sich abgedeckt im Kühlschrank mehrere Wochen frisch.

Hackbällchen mit scharfem Paprikadip

▶ Für 8 Portionen

1 altbackenes Brötchen, 1 Zwiebel,
2 Knoblauchzehen, 500 g Lammhackfleisch, 1 Ei, Salz, frisch gemahlener Pfeffer, Rosenpaprika, 3 Eßl. Öl,
1 Tube Paprikamark (90 g), 200 g Mayonnaise (Glas), 3 Eßl. Dickmilch,
1 kleine rote Pfefferschote,
1 Teel. eingelegte grüne Pfefferkörner.

Brötchen in Wasser einweichen. Zwiebel und Knoblauch sehr fein würfeln. Mit dem Lammhack, ausgedrücktem Brötchen und dem Ei verkneten. Mit Salz, Pfeffer und Rosenpaprika kräftig abschmecken. Aus dem Teig mit angefeuchteten Händen 16 kleine Klöße formen. Im heißen Öl etwa 15 Minuten bei mittlerer Hitze rundherum braun braten. Für den Dip das Paprikamark mit Mayonnaise und Dickmilch verrühren. Mit Salz und Rosenpaprika abschmecken. Pfefferschoten abspülen, entkernen und fein hacken. Mit den Pfefferkörnern auf den Dip streuen (pro Portion ca. 365 Kalorien).

TiP Die Hackbällchen können Sie am Vortag backen, der Dip sollte frisch zubereitet werden.

Eingelegter Paprika

▶ Für 12 Portionen

Je 2 kleine rote, gelbe und grüne Paprikaschoten, Salz, 600 g Doppelrahmfrischkäse, 6–8 Eßl. Schlagsahne, 4 Bund Basilikum, frisch gemahlener Pfeffer, 6 Knoblauchzehen, 1 unbehandelte Zitrone, 1 Eßl. Kapern, 1 1/2 Flaschen Olivenöl zum Auffüllen.

Die Paprikaschoten in reichlich leicht gesalzenem, sprudelndem Salzwasser einmal aufkochen lassen. Herausnehmen, kalt abspülen und trockentupfen. Paprikaschoten quer halbieren und die Kerne mit den weißen Trennwänden entfernen. Frischkäse mit der Sahne zu einer Creme verrühren. Basilikumblätter (einige zum Garnieren beiseite legen) fein hacken und unter die Käsecreme rühren. Mit Salz und Pfeffer würzen und in die Paprikahälften streichen. Gefüllte Paprikaschoten, abgezogene Knoblauchzehen, Zitronenscheiben, Kapern und restliche Basilikumblätter in ein Glasgefäß geben und mit Olivenöl bedecken. Zugedeckt im Kühlschrank 24 Stunden ziehen lassen (pro Portion ca. 230 Kalorien).

TiP Wenn die Paprikaschoten aufgegessen sind: Das würzige Öl schmeckt gut an Salatsoßen und Dips.

Tomaten in Kräuteröl

▶ Für 4 Gläser à ca. 450 g

500 g Cocktail-Tomaten, 2 Zweige Rosmarin, 50 g Walnußkerne, etwa 1/2 l Nuß- oder Olivenöl, Salz, frisch gemahlener Pfeffer.

Abgezogene Tomaten mit Rosmarin und Nüssen in ein heiß ausgespültes Twist-off-Glas schichten. Mit so viel Öl auffüllen, daß die Tomaten bedeckt sind. Glas verschließen. Tomaten mindestens drei Tage durchziehen lassen (pro Portion ca. 200 Kalorien).

TiP Die Tomaten halten sich kühl aufbewahrt drei Wochen. Sie schmecken zu kaltem Braten oder Brot und Käse.

Knoblauch-Pickles

▶ Für 2 Gläser à ca. 250 g

200 g abgezogene Knoblauchzehen (neue Ernte), je 1/8 l Weißwein und Weinessig, 25 g Senfkörner, 1 Eßl. getrocknete Rosmarinnadeln, 1 Lorbeerblatt, 1 Teel. Zucker, 1 Teel. Salz, 4 Eßl. Olivenöl.

Alle Zutaten bis auf das Öl in einem Topf zum Kochen bringen. Bei kleiner Hitze zehn Minuten garen. Im Sud abkühlen lassen. Mit der Flüssigkeit in die vorbereiteten Gläser geben, mit Olivenöl begießen und verschließen (ca. 845 Kalorien).

Eingelegte scharfe Eier

- Für 10 Portionen

1 Stück frischer Meerrettich (ca. 5 cm), 1/2 l Obstessig, 1 Flasche scharfer Tomatencocktail (Sangrita pikanta; ersatzweise Tomatenketchup und 1/2 Teel. Cayennepfeffer), 2 Eßl. eingelegte grüne Pfefferkörner, 4 Lorbeerblätter, 10 Wacholderbeeren, Salz, frisch gemahlener Pfeffer, 20 Eier.

Meerrettich putzen, schälen, waschen und grob raffeln. Essig, Tomatencocktail, grünen Pfeffer, Lorbeer, Wacholderbeeren, Salz und Pfeffer in einen Topf geben und kurz aufkochen. Von der Kochstelle nehmen, Meerrettich zufügen. Inzwischen Eier in zehn Minuten hart kochen. Mit kaltem Wasser übergießen und schälen. Abgekühlt in ein Glas geben. Den heißen Essigsud zugießen. Das Glas mit Klarsichtfolie abdecken und die Eier eine Woche im Kühlschrank durchziehen lassen (pro Portion ca. 205 Kalorien). Geschenkidee dazu: ein großer Laib Bauernbrot.

Ratatouille

- Für 4 Portionen

2 Auberginen, 250 g Zucchini, 500 g reife Tomaten, 2 Zwiebeln, 500 g rote und grüne Paprikaschoten, 5 Eßlöffel kaltgepreßtes Olivenöl, frisch gemahlener Pfeffer, 4 Knoblauchzehen, 1 Zitrone, 1 Bund Basilikum.

Auberginen, Zucchini und abgezogene Tomaten in Scheiben, abgezogene Zwiebeln in Ringe, Paprikaschoten in Streifen schneiden. Zwiebelringe und Auberginen in einem großen Topf im heißen Öl bei kleiner Hitze anbraten. Alle Gemüsesorten in den Topf schichten, dabei jede Lage mit Salz, Pfeffer und zerdrücktem Knoblauch würzen. Zitronensaft zugeben und alles im geschlossenen Topf bei kleiner Hitze 30 bis 40 Minuten schmoren. Abkühlen lassen. Mit Basilikum bestreut verschenken (pro Portion ca. 275 Kalorien). Geschenkidee dazu: frische Baguettes, mit blau-weiß-rotem Bändchen in Frankreichs Farben zusammengebunden.

TIP Der französische Gemüse-Eintopf paßt zu jedem Fest, weil er zu allem gut schmeckt: zu Weißbrot und Käse, gegrilltem Fleisch und Fisch, herzhaftem Kuchen und selbstgebackenem Brot.

Porree-Terrine

▶ Für 10 Portionen

Terrine: 3 mittelgroße Stangen Porree, Salz, 2 Zwiebeln, 30 g Butter oder Margarine, 4 ungebrühte feine Kalbsbratwürste à 100 g, 5 Eier, 2 Teel. Speisestärke, 150 g Goudakäse; Muskat, frisch gemahlener Pfeffer, 2 Scheiben Toastbrot, Fett für die Form; Soße: 200 g Ziegen-Frischkäse, 200 g saure Sahne, 1 Eßl. eingelegte grüne Pfefferkörner, Salz.

Vom Porree acht Blätter ablösen und in siedendem Salzwasser zwei Minuten kochen. Kalt abspülen, abtropfen lassen. Restlichen Porree in feine Ringe schneiden und mit Zwiebelwürfeln in heißem Fett unter Rühren glasig dünsten. Abkühlen lassen. Zwei ausgedrückte Bratwürste, Eier und Speisestärke verrühren. Kleine Käsewürfel und Porree unterrühren. Mit Muskat und Pfeffer abschmecken. Eine gefettete Kastenform so mit den Porreeblättern auslegen, daß die Enden über den Rand hängen. Das Toastbrot entrinden, zerkrümeln und auf den Boden der Form streuen. Die Hälfte der Porree-Masse in die Form füllen. Restliche Bratwürste aus der Haut drücken und darauf legen. Restliche Masse daraufgeben, die Porreeblätter überklappen. Ein Stück Pergamentpapier gut fetten und fest auf die Terrine legen. Fettpfanne des Backofens mit heißem Wasser füllen und in den Backofen schieben. Auf 175 Grad/Umluft 150 Grad/ Gas Stufe 2 schalten. Sobald das Wasser heiß ist, die Form hineinstellen. Terrine etwa eine Stunde 45 Minuten garen. Herausnehmen, abkühlen und über Nacht im Kühlschrank ruhen lassen. Für die Soße den Ziegenkäse zerdrücken und mit saurer Sahne verrühren. Abgetropfte Pfefferkörner unterrühren und die Soße mit etwas Salz abschmecken (pro Portion ca. 350 Kalorien).

Eingelegter Schafskäse

▶ Für 10 Portionen; Foto rechts

1 kg Feta-Schafskäse, 3 Bund Petersilie, 5 mittelgroße Zwiebeln, 8 große Knoblauchzehen, 1 l Distelöl, 1/2 l Walnußöl, 2 Eßl. Pfefferkörner.

Schafskäse in Würfel schneiden und in ein Glasgefäß geben. Petersilie hacken. Abgezogene Zwiebeln würfeln, abgezogenen Knoblauch zerdrücken. Die beiden Ölsorten miteinander vermischen. Petersilie, Zwiebeln, Knoblauch und Pfefferkörner unterrühren. Über den Schafskäse gießen und an einem kühlen Ort mindestens drei Tage durchziehen lassen (pro Portion ca. 380 Kalorien). Geschenkideen dazu: Griechenland-Reiseführer oder Mittelmeer-Kochbuch.

Salziges Quarkgebäck

▶ Für 16 Stück

Teig: 250 g Mehl, 1/4 Teel. Salz, 100 g Butter oder Margarine, 3 Eßl. Schmant, 2 Eigelb; Füllung: 250 g Quark (20 %), 150 g Joghurt (10 %), 3 Eier, 3–5 Knoblauchzehen, Salz, Cayennepfeffer, Mehl zum Ausrollen, Fett für die Backbleche.

Mehl, Salz, weiches Fett, Schmant, zwei Eigelb und drei Eßlöffel kaltes Wasser in eine Schüssel geben. Mit dem Handrührgerät mischen, dann mit den Händen verkneten. Den Teig zugedeckt mindestens eine Stunde kalt stellen. Für die Füllung Quark, Joghurt, Eier und zerdrückten Knoblauch verrühren. Mit Salz und Cayennepfeffer abschmecken. Den Teig auf wenig Mehl dünn ausrollen. 16 Kreise (Durchmesser zehn Zentimeter) ausstechen. Teigreste in 16 Stücke teilen, Rollen formen und als Rand um die Kreise legen, dabei die Teigränder mit etwas Wasser bestreichen. Kreise auf zwei gefettete Backbleche legen, mit einer Gabel mehrmals einstechen und mit jeweils einem Eßlöffel Quark füllen. Quarkgebäck bei 200 Grad/Umluft 180 Grad/Gas Stufe 3 in 30 Minuten goldbraun backen; das Gebäck auf dem zweiten Blech braucht nur 20 Minuten (pro Stück ca. 170 Kalorien). Geschenkidee: Cidre.

Brokkolitorte

▶ Für 6 Portionen

700 g Brokkoli, Salz, 500 g Magerquark, 200 g Crème fraîche, 4 Eier, 3 Eßl. Weizen-Vollkornmehl, 1 Eßl. Senf, 180 g Gorgonzolakäse, Kräutersalz, frisch gemahlener Pfeffer, Muskat, Fett für die Form.

Brokkoli in Röschen teilen, waschen und in siedendem Wasser zwei Minuten kochen. Abgießen und abtropfen lassen. Quark mit Crème fraîche, Eiern, Mehl, Senf und zerdrücktem Käse verrühren. Mit Salz, Pfeffer und Muskat kräftig würzen. Brokkoli mit der Quarkmasse mischen und in eine gefettete Springform (Durchmesser 24 Zentimeter) geben. In den Backofen schieben und bei 175 Grad/Umluft 150 Grad/Gas Stufe 2 eine Stunde 15 Minuten backen (pro Portion ca. 420 Kalorien).

TiP Die Brokkolitorte schmeckt kalt und lauwarm. Sie können sie kurz vor der Einladung in den Ofen schieben und heiß in der Springform transportieren – am besten im Einkaufskorb mit einem Küchentuch bedeckt.

Nudelsalat mit Pilzen und Schinken

▶ Für 4 Portionen

250 g Spaghetti, Salz, 2 Eßl. Öl, 5 Eier, 250 g Champignons, 4 Gewürzgurken, 200 g gekochter Schinken, 200 g Crème fraîche, 4 Eßl. Milch, 2 Eßl. geriebener Meerrettich (Glas), 2 Eßl. Remouladensoße (Glas), 1/2 Bund Schnittlauch.

Spaghetti in reichlich Salzwasser bißfest kochen. Auf ein Sieb gießen, abtropfen lassen und mit einem Eßlöffel Öl mischen. Eier in zehn Minuten hart kochen. Abgießen, kalt abschrecken und schälen. Vier Eier fein hacken. Champignons putzen, waschen und in Stücke schneiden. Im restlichen Öl bei großer Hitze rundherum kräftig rösten und etwas abkühlen lassen. Gurken und Schinken in Würfel schneiden. Nudeln, gehackte Eier, Champignons, Gurken und Schinken in eine Schüssel geben. Crème fraîche mit Milch, Meerrettich und Remouladensoße verrühren. Mit Salz abschmecken. Über den Salat gießen und alles vorsichtig mischen. Das letzte Ei in Scheiben oder Achtel schneiden und den Salat damit garnieren. Salat mit Schnittlauchröllchen bestreuen (pro Portion ca. 720 Kalorien).

Bunter Salat mit drei Käsesorten

▶ Für 8 Portionen

2 Zwiebeln, 4 Mozzarella-Käse à 125 g, 400 g Emmentaler Käse, 3 Bund Radieschen, 4 feste Birnen, 30 g Brunnenkresse (ersatzweise 1 großes Bund Petersilie), 100 g dänischer Blauschimmelkäse, 6 Eßl. Weißweinessig, Salz, frisch gemahlener Pfeffer, Zucker, je 4 Eßl. Maiskeimöl und kaltgepreßtes Olivenöl.

Zwiebel abziehen und in dünne Ringe schneiden. Mozzarella abtropfen lassen, halbieren und in Scheiben schneiden. Emmentaler Käse in dünne Scheiben schneiden. Die Radieschen putzen, waschen und vierteln. Die Birnen gründlich waschen oder schälen, halbieren, vom Kerngehäuse befreien und in Scheiben schneiden. Alle Salatzutaten mit den abgezupften Brunnenkresseblättchen auf einer Platte anrichten. Den Blauschimmelkäse mit einer Gabel fein zerdrücken. Essig, Salz, Pfeffer und Zucker unterrühren. Beide Ölsorten unterrühren. Die Käsesoße über die Salatzutaten gießen und dann alles vorsichtig mischen (pro Portion ca. 595 Kalorien). Geschenkidee dazu: ein Kasten Bier und ein Bauernbrot.

Schwarz-Weiß-Creme

▶ Für 8 Portionen

*8 Blatt weiße Gelatine, 7 Eier,
250 g Zucker, 2 Zitronen,
100 g Blockschokolade, 1/4 l Milch,
375 g Schlagsahne.*

Je vier Blatt Gelatine getrennt in kaltem Wasser einweichen. Für die Zitronencreme vier Eigelb mit 140 Gramm Zucker schaumig schlagen. Vier Blatt Gelatine ausdrücken, in etwas heißem Wasser auflösen und mit dem Zitronensaft unter diese Eiercreme ziehen. Kalt stellen. Für die Schokoladencreme die zerbröckelte Schokolade unter Rühren in der heißen Milch schmelzen. Restliche Gelatine ausdrücken und darin auflösen. Etwas abkühlen lassen. Den Rest von Eigelb und Zucker schaumig schlagen. Schokoladenmilch unterrühren. Kalt stellen. Die ganze Schlagsahne und das Eiweiß in zwei Portionen – einmal vier und einmal drei Eiweiß – steif schlagen. Wenn beide Crememassen halbsteif sind, unter die Zitronencreme den Eischnee von vier Eiern und zwei Drittel der Sahne ziehen. Unter die Schokoladencreme den Eischnee von drei Eiern und die restliche Sahne ziehen. Beide Cremes für etwa 15 Minuten in den Kühlschrank stellen und dann schichtweise in eine Glasschüssel füllen. Im Kühlschrank fest werden lassen (pro Portion ca. 450 Kalorien).

Rhabarber-Schichtspeise

▶ Für 6 Portionen

*700 g Rhabarber, 1 Päckchen Vanillepuddingpulver, 60–80 g Zucker,
4 Zwiebäcke, 125 g Mandeln,
200 g Schlagsahne, 1 Päckchen
Vanillezucker, eventuell 4 cl Eierlikör.*

Rhabarber in Stücke schneiden und in wenig Wasser zehn Minuten dünsten. Puddingpulver mit vier Eßlöffel Wasser anrühren. Zum Rhabarber geben und aufkochen. Etwa zwei Drittel des Zuckers unterrühren. Abkühlen lassen. Zwiebackbrösel und gehackte Mandeln ohne Fett bei mittlerer Hitze anrösten und mit zwei Eßlöffel Zucker mischen. Abkühlen lassen. Mit dem Rhabarber in eine Schüssel schichten. Sahne steif schlagen, mit Vanillezucker und Eierlikör mischen und auf das Dessert geben. Bis zum Verschenken kühlen (pro Portion ca. 380 Kalorien).

Marinierte Früchte

▶ Für 8 Portionen

*2 reife Honigmelonen, 500 g Erdbeeren,
3 Limetten, 8 Eßl. Ahornsirup,
4 Eßl. Rum (ersatzweise Apfelsaft),
4 Päckchen Vanillezucker.*

Die geschälte, entkernte Melone und die gewaschenen Erdbeeren kleinschneiden. Alles auf einer Platte anrichten. Eine Limette heiß abspülen und die Schale mit einem Zestenreißer abziehen. Alle Limetten auspressen. Den Saft, Ahornsirup, Rum und Vanillezucker verrühren. Über die Früchte gießen. Mit Limettenschale bestreuen (pro Portion ca. 175 Kalorien).

Kekskuchen »Kalter Hund«

▶ Für 20 Stücke

300 g Kokosfett, 2 Eier,
300 g Puderzucker, 120 g Kakao,
4 Eßl. Orangensaft, 40 g ganze abgezogene Mandeln, 40 Butterkekse (225 g), 100 g Haselnußglasur.

Das Fett zerlassen. Eier mit dem gesiebten Puderzucker und Kakao schaumig rühren. Das abgekühlte, flüssige Fett nach und nach unterrühren. Mit Orangensaft und acht Eßlöffel heißem Wasser glattrühren. Eine Kastenform (Länge 25 Zentimeter) mit Pergamentpapier auslegen. Die Mandeln auf den Boden der Form verteilen. Vier Eßlöffel Kakaocreme darin glattstreichen. Eine Schicht Kekse darauf legen und andrücken. Abwechselnd zwei Eßlöffel Kakaocreme und Kekse einschichten, bis alles aufgebraucht ist. Den Kuchen erkalten lassen und stürzen. Die Glasur im Wasserbad auflösen und über den Kuchen gießen (pro Stück ca. 330 Kalorien). Geschenkidee dazu: CD mit Rolling-Stones- oder Beatles-Songs aus den 60ern.

Johannisbeerkuchen

▶ Für 20 Stücke

1 kg Johannisbeeren, 250 g Butter oder Margarine, 250 g Zucker, Salz,
4 Eier, 200 g Mehl, 100 g Speisestärke,
30 g Kakao, 1 Teel. Backpulver,
1/2 Teel. Kardamom,
100 g Schokoladenplätzchen,
Fett für das Blech, 80 g Haselnußkerne,
50 g Hagelzucker.

Johannisbeeren in einer Schüssel mit Wasser waschen, abtropfen lassen und mit einer Gabel von den Stielen streifen. Weiches Fett mit Zucker, Salz, Eiern, Mehl, Speisestärke, Kakao, Backpulver und Kardamom verrühren. Schokoladenplätzchen unterrühren. Teig auf ein gefettetes Backblech streichen. Mit den gemahlenen Haselnüssen bestreuen und mit Johannisbeeren belegen. Bei 200 Grad/ Umluft 180 Grad/Gas Stufe 3 etwa 45 Minuten backen. Abkühlen lassen, vom Blech lösen und mit Hagelzucker bestreuen (pro Stück ca. 315 Kalorien).

Haferflockenbrot

▶ Für 1 Brot à 1,2 kg; Foto rechts

1 Würfel frische Hefe, Zucker,
300 g Roggenvollkornschrot,
300 g Weizenvollkornmehl,
150 g Haferflocken, 1 Päckchen Natur-Sauerteig (150 g; Reformhaus),
2–3 Teel. Salz, 1 gestrichener Teel. Anispulver, Mehl zum Formen,
Fett für das Blech.

Hefe, eine Prise Zucker und etwas lauwarmes Wasser verrühren. Zugedeckt gehen lassen, bis sich die Hefe verdoppelt hat. Beide Mehlsorten, Haferflocken (zwei Eßlöffel zum Bestreuen beiseite stellen), Hefe, zimmerwarmen Sauerteig, Salz, Anis und 400 Kubikzentimeter lauwarmes Wasser zuerst mit den Knethaken des Handrührers, dann mit den Händen zu einem geschmeidigen Teig verkneten. Teig zugedeckt etwa eine Stunde ruhenlassen, bis er sichtbar aufgegangen ist. Erneut durchkneten und in einem bemehlten Brotkorb oder als Fladen auf einem gefetteten Backblech 20 Minuten gehen lassen. Auf ein gefettetes Backblech stürzen, mit lauwarmem Wasser bestreichen und mit den restlichen Haferflocken bestreuen. Im Backofen bei 225 Grad/Umluft 200 Grad/Gas Stufe 4 etwa 50 Minuten backen (ca. 2620 Kalorien). Geschenkidee dazu: Brotkorb aus Peddigrohr und Salz.

Speckgugelhupf

▶ Für 16 Stücke

25 g frische Hefe, Zucker,
200 ccm Milch, 375 g Mehl,
75 g Butter oder Margarine,
2 Teel. Salz, 1 Ei; Mehl zum Bestäuben; 100 g Walnußkerne,
180 g durchwachsener Speck;
Fett und Mehl für die Form.

Hefe, eine Prise Zucker und etwas lauwarme Milch verrühren. Zehn Minuten gehen lassen. Mehl, zerlassenes Fett, Salz und Ei in eine Rührschüssel geben. Hefemischung und restliche lauwarme Milch dazugeben. Mit den Knethaken des Handrührers zu einem weichen Teig verkneten. Mit Mehl bestäuben und zugedeckt an einem warmen Ort gehen lassen, bis sich das Volumen des Teiges verdoppelt hat. Die Nüsse grob hacken. Speck in feine Streifen schneiden. Den Teig nochmals kräftig durchkneten. Dabei Nüsse und Speck unter den Teig arbeiten. Teig in eine gefettete, mit Mehl bestäubte Gugelhupfform (Durchmesser 25 Zentimeter) geben und 20 Minuten gehen lassen. In den Backofen schieben und bei 180 Grad/Umluft 150 Grad/Gas Stufe 2 etwa eine Stunde backen. In der Form zehn Minuten ruhen lassen, auf ein Kuchengitter stürzen und abkühlen lassen (pro Stück ca. 240 Kalorien). Geschenkidee dazu: Gugelhupfform.

Crunchy-Müsli

▶ Für 12 Portionen

Je 100 g Weizen-, Roggen- und Haferflocken, 50 g Sonnenblumenkerne, 50 g Haselnußkerne, 50 g Kürbiskerne, 3 Eßl. Honig, 3 Eßl. Sesamöl.

Flocken, Kerne und Nüsse vermischen. Honig mit drei Eßlöffel Wasser und dem Sesamöl verrühren. Mit Flocken und Nüssen vermischen. Auf ein Backblech streuen und bei 175 Grad/ Umluft 150 Grad/Gas Stufe 2 etwa 40 Minuten bräunen. Dabei ab und zu wenden (pro Portion ca. 190 Kalorien). Geschenkidee dazu: eine Flasche Milch oder Joghurt und eine Müslischale.

Apfelgelee

▶ Für 3 Gläser à 500 g; Foto Umschlag hinten

1,5 kg säuerliche Äpfel,
1 kg Gelierzucker, 1/2 Bund Minze.

Äpfel waschen, vierteln und in einem Liter Wasser 20 Minuten kochen. Einen Stuhl umgedreht auf die Arbeitsfläche legen, zwischen die vier Beine ein Küchentuch oder ein Mulltuch binden und ein großes Gefäß darunter stellen. Gekochte Äpfel in das Tuch geben und den Saft über Nacht in das Gefäß abtropfen lassen. Einen Liter Saft abmessen und aufkochen. Gelierzucker zugeben und vier Minuten sprudelnd kochen. Kleingeschnittene Minzeblätter unterrühren. Sofort in heiß ausgespülte Gläser füllen und verschließen (pro Glas ca. 540 Kalorien).

TiP Bei Apfelgelee sind genaue Mengenangaben schwierig, weil nicht jede Apfelsorte gleich viel Saft abgibt.

Rote-Beeren-Konfitüre

▶ Für 7 Gläser à 300 g

1,25 kg rote Johannisbeeren,
1 Zimtstange, 500 g Erdbeeren,
250 g Heidelbeeren,
1,5 kg Gelierzucker.

Johannisbeeren abspülen und mit den Stielen in einen Topf geben. Einen Achtelliter Wasser und Zimt zufügen. Zwei Minuten sprudelnd kochen lassen. Einen Stuhl umgedreht auf die Arbeitsfläche legen, zwischen die vier Beine ein Küchentuch oder ein Mulltuch binden und ein großes Gefäß darunter stellen. Johannisbeeren in das Tuch gießen und den Saft abtropfen lassen. Tuch fest ausdrücken. Einen Dreiviertelliter Saft abmessen. Erdbeeren und Heidelbeeren abspülen. Erdbeeren halbieren. Früchte und Gelierzucker unter den Saft rühren und drei Stunden ziehen lassen. Mischung unter Rühren aufkochen und vier Minuten sprudelnd kochen lassen. In vorbereitete Gläser füllen und verschließen (pro Glas ca. 950 Kalorien). Geschenkidee: Marmeladen-Topf.

Birnen-Aprikosen-Mus

▶ Für 4 Gläser à ca. 250 g

1 kg Birnen, etwa 100 g Zucker,
1 unbehandelte Zitrone,
1 Stange Zimt, 250 g Aprikosen.

Geschälte Birnen entkernen und zerkleinern. Mit einem Viertelliter Wasser, Zucker, Zitronenschale und Zimt aufkochen. Zugedeckt bei kleiner Hitze 20 Minuten dünsten. Abgezogene und halbierte Aprikosen zufügen und etwa zehn Minuten mitgaren, bis sie sehr weich sind. Gut durchrühren. Zimtstange und Zitronenschale entfernen, das Mus sofort in vorbereitete Gläser füllen und verschließen (pro Glas ca. 575 Kalorien).

TiP Das Mus ist süßer Imbiß oder fruchtiges Frühstück für die ersten Tage in der neuen Wohnung. Verschenken Sie es mit einem Töpfchen Milchreis oder Quark aus dem Supermarkt.

Falscher Kochkäse

▶ Für 5 Gläser à ca. 200 g

2 rohe Kartoffeln (etwa 200 g),
3 gekochte Pellkartoffeln (etwa 300 g),
1/4 l Buttermilch, 20 g Mehl, Salz,
1 Teel. Kümmel, 40 g Butter.

Rohe und gekochte Kartoffeln schälen. Mit Buttermilch, Mehl und Salz pürieren. Mit Kümmel und Butter unter Rühren aufkochen und in etwa fünf Minuten glasig kochen. Mit Salz abschmecken. In Gläser füllen, abkühlen lassen und verschließen. Den falschen Kochkäse im Kühlschrank aufbewahren und innerhalb von drei Wochen verbrauchen (pro Glas ca. 170 Kalorien).

Honigsenf mit Wein

▶ Für 1 Glas von ca. 200 g

60 g Senfkörner, 2 Eßl. Honig,
3 Eßl. Weißwein, 1 Eßl. Walnüsse, Salz.

Senfkörner im Mörser zerdrücken. Mit Honig und Wein verrühren. Zugedeckt im Kühlschrank drei Tage stehenlassen. Feingehackte Walnüsse unterrühren. Den Senf mit Salz abschmecken. Im Kühlschrank aufbewahren (ca. 500 Kalorien).

Blechkuchen zum Sattessen

▸ Für 36 Stücke

Teig für drei Backbleche: 1 Würfel Hefe, 1/2 l lauwarmes Wasser, 1 kg Mehl, 2 Eßl. Salz; Fett für die Bleche; Guß: 1 l Schlagsahne, 250 g Magerquark, 6 Eßl. Mehl; Zwiebel-Belag für einen Kuchen: 250 g durchwachsener Speck in Scheiben, 500 g Zwiebeln; 4 Eßl. Öl; Birnen-Belag für einen Kuchen: 5 Birnen, 1 Päckchen Vanillezucker, 2 Eßl. Zucker, 1 Teel. Zimt, 50 g Walnußkerne; Kümmel-Belag für einen Kuchen: 1/8 l Olivenöl, Salz, 2 Eßl. Kümmel.

Hefe im warmen Wasser auflösen. Mehl und Salz zugeben. Zuerst mit den Knethaken des Handrührers, danach mit den Händen zu einem glatten Teig verarbeiten. Zugedeckt an einem warmen Ort etwa eine Stunde gehen lassen, bis sich der Teig etwa verdoppelt hat. Teig nochmals durchkneten und in drei Portionen teilen. Jeweils auf einem gefetteten Backblech ausrollen. Weitere 15 Minuten gehen lassen. Für den Guß Sahne, Quark und Mehl verrühren. Je ein Drittel des Gusses gleichmäßig auf den Teigböden verteilen. Für den Zwiebelkuchen Speckscheiben in Streifen und Zwiebeln in Ringe schneiden. Alles im heißen Öl andünsten. Auf einen der Teigböden geben. In den Backofen schieben und bei 200 Grad/Umluft 170 Grad/Gas Stufe 3 etwa 40 Minuten backen. Birnen halbieren, Kerngehäuse herausschneiden. Hälften in Spalten schneiden. Auf dem zweiten Teigboden verteilen. Mit Vanillezucker, Zucker, Zimt und gehackten Walnußkernen bestreuen und etwa 30 Minuten backen. Für den Kümmel-Kuchen den Guß nur mit Öl beträufeln, mit Salz und Kümmel bestreuen und ebenfalls backen (pro Portion ca. 280 Kalorien). Geschenkidee dazu: Weingläser.

Käse-Kleeblätter

▸ Für 12 Stück

65 g Butter oder Margarine, 2 Teel. Salz, 150 g Mehl, 4 Eier, 100 g Greyerzer Käse (ersatzweise mittelalter Goudakäse), 1/2 Teel. gemahlener Kümmel, Fett und Mehl für das Blech.

Einen Viertelliter Wasser mit Fett und Salz aufkochen. Den Topf von der Kochstelle nehmen. Mehl unter Rühren zugeben. Wieder auf die Kochstelle setzen und bei kleiner Hitze mit einem Holzlöffel weiterrühren, bis sich der Teig als Kloß vom Topfboden löst. Ein Ei unterrühren. Teig abkühlen lassen.

Nacheinander die restlichen Eier, geriebenen Käse und Kümmel unterrühren. Teig in einen Spritzbeutel mit großer Sterntülle füllen und zwölf Kleeblätter auf ein gefettetes, mit Mehl bestäubtes Backblech spritzen. In den Backofen schieben und bei 220 Grad/ Umluft 200 Grad/Gas Stufe 4 etwa 25 Minuten backen (pro Stück ca. 160 Kalorien).

Quiche Lorraine

▶ Für 12 Stücke

250 g Mehl, 150 g Butter oder Margarine, Salz, 1 Eigelb, Fett für die Form, 300 g Edamer Käse, 150 g durchwachsener Speck, 1 Bund Schnittlauch, 4 Eier, 200 g saure Sahne, 1 Teel. Edelsüß-Paprika.

Das Mehl mit weichem Fett, einem halben Teelöffel Salz, Eigelb und vier Eßlöffel kaltem Wasser verkneten. Den Teig 30 Minuten kalt stellen. Boden und Rand einer gefetteten Pie- oder Springform (Durchmesser 26 Zentimeter) mit dem Teig auslegen. Teigboden mit einer Gabel mehrmals einstechen. In den Backofen schieben und bei 200 Grad/ Umluft 180 Grad/Gas Stufe 3 knapp 20 Minuten vorbacken. Käse reiben. Speck würfeln und in einer Pfanne bei kleiner Hitze ausbraten. Schnittlauch in Röllchen schneiden. Eier mit saurer Sahne verrühren. Käse, Speck und Schnittlauch untermischen. Mit Paprika würzen. Auf dem Teig verteilen. Wieder in den Backofen schieben und 30 Minuten backen (pro Stück ca. 415 Kalorien). Geschenkidee dazu: Pie-Form.

Stachelbeerkuchen

▶ Für 16 Stücke

Teig: 250 g Quark (20%), 10 Eßl. Milch, 10 Eßl. Öl, 100 g Zucker, 400 g Mehl, 3 Teel. Backpulver; Fett für das Blech, 1 kg Stachelbeeren; Streusel: 100 g Mehl, 75 g Zucker, 50 g Mandeln, 50 g Butter.

Quark über Nacht abtropfen lassen. Mit Milch, Öl und Zucker verrühren. Die Hälfte des Mehls mit den Knethaken des Handrührers unterkneten. Restliches Mehl und Backpulver mit den Händen unterkneten. Teig auf einem gefetteten Backblech ausrollen. Stachelbeeren darauf verteilen. Mehl mit Zucker und gemahlenen Mandeln mischen. Zerlassene, warme Butter zugießen und alles mit einer Gabel zu Streuseln mischen. Auf die Stachelbeeren streuen. Kuchen in den Backofen schieben und bei 225 Grad/Umluft 200 Grad/Gas Stufe 4 etwa 40 Minuten backen (pro Stück ca. 320 Kalorien). Geschenkidee dazu: Kuchenplatte.

Weihnachtsmänner aus Marzipan

▶ Für 4 Stück; Foto rechts

*200 g Marzipanrohmasse,
175 g Puderzucker, 1/2 Orange;
zum Verzieren: rote, blaue und gelbe Speisefarbe, 50 g Puderzucker,
einige Tropfen Zitronensaft.*

Marzipanrohmasse mit dem Puderzucker und einem Eßlöffel Orangensaft sehr sorgfältig verkneten. Für den Körper der Weihnachtsmänner eine dreieinhalb Zentimeter lange Rolle (Durchmesser drei Zentimeter) formen. Für die Arme aus einer etwa haselnußgroßen Kugel eine acht Zentimeter lange Rolle formen. Arme an den Körper drücken und die Hände formen. Eine erbsengroße Kugel als Hals und eine walnußgroße Kugel als Kopf auf den Körper setzen. Ein spitzes Dreieck als Bart und kleine Kugeln als Nase und Augen auf das Gesicht drücken. Ein Dreieck formen und als Mütze auf den Kopf setzen, die Zipfel abknicken und fest andrücken. Zwei kleine Kugeln als Füße an den Körper drücken. Den Gabensack aus einer Kugel (etwa drei Zentimeter) formen. Weihnachtsmann mit roter Speisefarbe bemalen und trocknen lassen. Schuhe und Augen mit einer Mischung aus roter, blauer und gelber Speisefarbe aufmalen. Puderzucker mit etwas Zitronensaft glattrühren. Bart, Ärmelaufschläge und eventuell den Mützenrand damit bestreichen und trocknen lassen (pro Stück 465 Kalorien).

Cappuccinosterne

▶ Für etwa 50 Stück

*3 Eiweiß, 250 g Puderzucker,
2 Päckchen Cappuccinopulver
(à 25 g, ersatzweise 2 Teel. Instant-Kaffeepulver), 400 g ungeschälte gemahlene Mandeln,
4 Teel. Instant-Kaffeepulver.*

Eiweiß steif schlagen, gesiebten Puderzucker unterrühren. Fünf Eßlöffel davon abnehmen und zur Seite stellen. Cappuccinopulver, Mandeln und Instant-Kaffee unter den restlichen Eischnee heben. Zwei Stunden kühl stellen. Backofen auf 150 Grad/Umluft 130 Grad/Gas Stufe 1 vorheizen. Mandelmasse zwischen Klarsichtfolie etwa einen Zentimeter dick ausrollen (wenn die Masse sehr weich ist, noch mal kühl stellen oder kurz tiefkühlen). Sterne ausstechen, mit der Eischneemasse bestreichen und auf ein mit Backtrennpapier ausgelegtes Backblech legen. Das Blech in den heißen Backofen schieben und die Sterne etwa 20 Minuten backen (pro Stück ca. 65 Kalorien). Geschenkidee: eine Dose Espresso oder Espressotassen.

Hutzelbrot

- Für 3 Brote à etwa 10 Scheiben; Foto Umschlag vorne

Teig: 250 g getrocknete Birnen (Hutzeln), 250 g Backpflaumen ohne Stein, 125 g getrocknete Feigen, 250 g Mehl, 25 g frische Hefe, 100 g Zucker, 1/2 Teel. Salz, je 30 g gehacktes Orangeat und Zitronat, 125 g gehackte Mandeln, 125 g gehackte Walnußkerne, je 1 Eßl. gemahlener Zimt und Anis, 1 Teel. gemahlene Nelken, 1 Messerspitze gemahlener Piment; zum Verzieren: Mandeln, Walnußkerne, kandierte Früchte, 4 Teel. Speisestärke.

Birnen in einem halben Liter Wasser drei Stunden einweichen. In Streifen schneiden und im Einweichwasser etwa 20 Minuten weichkochen. Früchte auf ein Sieb geben, Kochwasser dabei auffangen. Backpflaumen und Feigen ebenfalls in Streifen schneiden, zu den gekochten Birnen geben und über Nacht stehenlassen. Mehl in eine Schüssel geben. Hefe in zwei Eßlöffel warmem Früchte-Kochwasser auflösen und zum Mehl geben. Restliche Teigzutaten zugeben und alles miteinander verkneten. Aus dem Teig drei längliche Brote formen und zwei Stunden bei Zimmertemperatur gehen lassen. Mit halbierten Mandeln, Walnußhälften und kandierten Früchten verzieren und in den Backofen schieben. Bei 180 Grad/Umluft 160 Grad/Gas Stufe 2 etwa eine Stunde backen. Stärke und zwei Eßlöffel Früchte-Kochwasser verrühren. Die Hutzelbrote zuerst zehn Minuten vor Backzeit-Ende, dann gleich nach dem Backen damit bestreichen (pro Scheibe ca. 150 Kalorien).

Große Weihnachtskugel

- Für etwa 30 Portionen

250 g Haselnußkerne, 300 g getrocknete Aprikosen, 300 g Zucker, 250 g Butter oder Margarine, 200 g Rosinen, 1/4 l Rotwein (ersatzweise Früchtetee oder leicht gesüßter Fruchtsaft), 500 g Mehl, 1 Päckchen Backpulver, 3 Eier, Fett für die Form, je 3 Eßl. blaue und silberne Zuckerperlen, 3 Eiweiß, 500 g Puderzucker.

Nüsse grob hacken. Aprikosen würfeln. Zucker, Fett, Nüsse, Aprikosen, Rosinen und Rotwein bei mittlerer Hitze zum Kochen bringen. Abkühlen lassen. Mehl und Backpulver mischen. Eier und die Fruchtmischung zugeben und alles mit den Knethaken des Handrührgerätes verkneten. Eine große Metall- oder Porzellanschüssel mit rundem Boden (etwa 2 Liter Inhalt; ideal ist eine Eisbombenform) gut fetten. Den Teig in die Form geben. In den Backofen schieben, bei 175 Grad/Umluft 150 Grad/Gas Stufe 2 30 Minuten backen. Den Kuchen mit Pergamentpapier abdecken und etwa zwei Stunden weiterbacken. Mit einem Holzstäbchen in die Mitte des Kuchens stechen und prüfen, ob noch klebriger Teig am Hölzchen hängen bleibt. Weiterbacken, bis das Holzstäbchen beim Hineinstechen sauber bleibt. Die Kugel aus der Form nehmen und abkühlen lassen. Die Hälfte der blauen und silbernen Zuckerperlen getrennt im Blitzhacker zerkleinern. Die Kuchen-Halbkugel mit der flachen Seite nach unten auf eine umgedrehte Tortenplatte mit Stiel legen. Eiweiß mit den Quirlen des Handrührgerätes etwa eine halbe Minute schlagen. Puderzucker unter ständigem Weiterschlagen zugeben. So lange weiterrühren, bis der Guß glatt und sirupartig ist. Guß gleichmäßig über die gebackene Kugel gießen und heruntertropfen lassen. Mond- und Stern-Ausstechformen auf den leicht angetrockneten Guß legen. Blauen und silbernen Zuckerperlen-Staub in eine kleine Papiertüte füllen. Ein Tüten-Eckchen abschneiden und den bunten Staub in die Formen streuen. Mit einem Pinsel in die Ränder tupfen. Formen abnehmen. Den Rest der blauen und silbernen Zuckerperlen auf der Weihnachtskugel verteilen. Guß trocknen lassen. Zum Aufbewahren die Kugel vorsichtig in Alufolie verpacken (pro Portion ca. 360 Kalorien).

Stiefel

▶ Für etwa 55 Stück

150 g Weizenmehl (Type 1050),
150 g Roggenmehl (Type 1370),
125 g brauner Zucker, 1 unbehandelte Zitrone, 125 g Butter oder Margarine,
1 Ei, 1 Eßl. Wasser, 1 Eiweiß,
50 g Korinthen, Fett für das Blech

Beide Mehlsorten, Zucker, abgeriebene Zitronenschale, Fett, Ei und Wasser zum Teig verkneten und etwa zwei Stunden kalt stellen. Zwischen Klarsichtfolie etwa drei Millimeter dick ausrollen. Stiefel ausstechen. Oberen Stiefelrand mit Eiweiß bestreichen und mit Korinthen bestreuen. Stiefel auf gefettete Bleche legen und bei 200 Grad/Umluft 180 Grad/Gas Stufe 3 15 bis 20 Minuten backen. Auf Kuchengittern abkühlen lassen (pro Stück ca. 50 Kalorien).

TiP Die Stiefel – und andere Weihnachtsplätzchen – in einem Nikolausstiefel aus Packpapier verschenken: Je nach gewünschter Größe einen Stiefel ausschneiden. An den Rändern zusammenkleben oder lochen und mit einem groben Band zusammennähen. Den Stiefelschaft mit Pergamentpapier auslegen und die überstehenden Ränder zur Stulpe nach außen schlagen.

Lebkuchenherzen

▶ Für etwa 8 Stück; Foto rechts

50 g Zitronat, 2 Eier, 200 g Zucker, 1/2 Teel. Zimt, 1/4 Teel. Nelkenpulver, 300 g Mehl, 1 Teel. Backpulver; Mehl zum Ausrollen, 3 Eßl. Schlagsahne; zum Verzieren: 250 g Puderzucker, 3 Eßl. Zitronensaft.

Das Zitronat im Blitzhacker oder mit dem Schneidstab des Handrührers fein zerkleinern. Eier und Zucker mit den Quirlen des Handrührers schaumig rühren. Zimt, Nelken und Zitronat unterrühren. Zwei Drittel des Mehls und das Backpulver mischen und ebenfalls mit den Quirlen des Handrührers untermischen. Den Rest des Mehls mit den Händen unterkneten. Teig über Nacht in den Kühlschrank stellen. Teig portionsweise auf wenig Mehl gut fünf Millimeter dick ausrollen und verschieden große Herzen ausschneiden. Herzen auf ein mit Backtrennpapier ausgelegtes Backblech legen. Mit Sahne bestreichen und mit einem Hölzchen zwei Löcher für das Band einstechen. Lebkuchenherzen in den Backofen schieben und bei 150 Grad/Umluft 130 Grad/Gas Stufe 1 etwa 20 Minuten backen. Puderzucker und Zitronensaft zu einer zähflüssigen Paste verrühren und die abgekühlten Herzen damit beschriften und verzieren (pro Stück ca. 390 Kalorien).

Korianderpäckchen

▶ Für etwa 12 Päckchen; Foto Seite 2/3

200 g Mehl, Salz, 1 Messerspitze gemahlener Koriander, 100 g Butter oder Margarine, Fett für die Bleche; bunte Zuckerperlen, 150 g Puderzucker, Lebensmittelfarben.

Mehl, eine Prise Salz, Koriander, weiches Fett und zwei bis drei Eßlöffel kaltes Wasser zuerst mit den Knethaken des Handrührgerätes vermischen, dann mit den Händen zu einem glatten Teig verkneten. Eine Stunde kalt stellen. Den Teig zwischen Klarsichtfolie etwa vier Millimeter dick ausrollen und zu vier Zentimeter großen Quadraten ausschneiden. Alle Teigstücke auf leicht gefettete Backbleche legen und nach Belieben mit Zuckerperlen verzieren. Die Kekse bei 180 Grad/ Umluft 160 Grad/Gas Stufe 2 15 bis 20 Minuten backen. Für den Zuckerguß den Puderzucker mit Wasser verrühren. Mit Lebensmittelfarbe beliebig färben. Abgekühlte Kekse wie kleine Päckchen damit bestreichen und verzieren. Eventuell mit bunten Zuckerperlen belegen. Trocknen lassen (pro Päckchen ca. 60 Kalorien).

TIP Die Päckchen als Gutscheine verschenken: Auf einen Zettel das Geschenk schreiben und am Päckchen befestigen.

Marie

Adventskalender aus kleinen Kuchen

▶ Für 24 Stücke

Teig: 4 Eier, 175 g Zucker, 1 Päckchen Vanillezucker, 75 g Mehl, 100 g Speisestärke, 1 1/2 Teel. Backpulver, 150 g abgeschälte gemahlene Mandeln; Pergamentpapier und Fett für das Blech; Füllung: 100 g Nußnougatcreme, 4 Eßl. Johannisbeergelee, 200 g Marzipanrohmasse, 150 g Puderzucker; Verzierung: 500 g Fondantmasse (vom Konditor; ersatzweise Zuckerguß aus 150 g Puderzucker), 5 verschiedene Lebensmittelfarben, Zuckerblümchen, bunte Zuckerstreusel, bunte Zuckerperlen.

Eiweiß steifschlagen. Zucker und Vanillezucker langsam unterschlagen. Eigelb unterheben. Mehl, Speisestärke und Backpulver darübersieben, Mandeln zufügen. Unter die Eiermasse ziehen. Teig auf ein mit gefettetem Pergamentpapier belegtes Backblech streichen. In den Backofen schieben und bei 180 Grad/Umluft 160 Grad/Gas Stufe 2 etwa 20 Minuten backen. Teigplatte auf ein Küchentuch stürzen und das Papier abziehen. Abkühlen lassen. Zum Füllen die Platte halbieren. Eine Hälfte mit Nußnougatcreme bestreichen, die zweite Hälfte darauf legen und mit Johannisbeergelee bestreichen. Marzipanrohmasse mit Puderzucker verkneten. Auf Klarsichtfolie in der Größe der Platte ausrollen, auf die bestrichene Oberfläche legen und leicht andrücken. Zwölf Quadrate von etwa vier mal vier Zentimeter schneiden: An einem Lineal entlang vier Zentimeter breite Streifen abschneiden, vom Streifen vier Zentimeter lange Stücke abschneiden. Aus dem restlichen Teig zwölf Kreise von etwa vier Zentimeter Durchmesser ausstechen. Zwei Eßlöffel Fondantmasse für die Zahlen abnehmen, den Rest in fünf Portionen teilen. Jede Portion in einer Tasse im heißen Wasserbad mit etwa zwei Teelöffel Wasser glattrühren, bis der Fondant eine sirupartige Beschaffenheit hat. Fondantmasse nicht zu lange im Wasserbad stehenlassen, sie darf nicht wärmer als gut handwarm werden. (Oder Puderzucker mit etwa zwölf Eßlöffel Wasser glattrühren.) Die Fondantportionen mit Speisefarbe färben. Dafür je einen Tropfen Speisefarbe mit etwas Wasser mischen. Diese Mischung tropfenweise unter die Fondantmasse rühren, bis der gewünschte Farbton erreicht ist. Für kräftigere Farben die Speisefarbe unverdünnt in den Fondant geben. Die Küchlein auf eine Gabel legen, Fondant mit einem Teelöffel darübergießen und auf ein Kuchengitter setzen. Die zurückbehaltene weiße Fondantmasse erwärmen, mit einigen Tropfen Wasser verdünnen und in einen Folienbeutel füllen. Von der Spitze eine winzige Ecke abschneiden. Die Zahlen von 1 bis 23 aufspritzen.

Die 24 mit restlichem roten Fondant spritzen. Küchlein dann nach Belieben verzieren: Zuckerperlen, Streusel und Blümchen mit restlicher Fondantmasse aufkleben. Trocknen lassen. Die Küchlein in Papiermanschetten setzen und in einem Kasten verpacken (pro Stück ca. 325 Kalorien).

Honigkuchenstern

▶ Für 1 Stern

250 g Honig, 125 g Zucker,
125 g Butter oder Margarine,
8 g Pottasche (ca. 1 gestrichener Eßlöffel), 1 Eßl. Rosenwasser (aus der Apotheke; ersatzweise Rum),
350 g Weizenmehl Type 405 oder 550,
100 g Weizenvollkornmehl Type 1700,
je 1 Teel. gemahlener Ingwer und Zimt,
je 1/4 Teel. Kardamom und Nelkenpulver, 1/4 unbehandelte Zitrone,
100 g Mandeln, 75 g Zitronat,
2 Tropfen Bittermandel-Öl, 1 Ei, Salz.
Fett und Mehl für das Blech;
40 g Mandeln, 40 g Paranußkerne,
1 Eiweiß, 50 g Puderzucker,
1 1/2 Eßl. heißer Kaffee,
Zuckerperlen zum Verzieren.

Honig, Zucker und Fett in einen Topf geben. Bei kleiner Hitze unter gelegentlichem Umrühren erhitzen, bis Zucker und Honig geschmolzen sind. Abkühlen lassen. Pottasche mit Rosenwasser verrühren, bis sich die Pottasche aufgelöst hat. Beide Mehlsorten mit Ingwer, Zimt, Kardamom, Nelkenpulver und abgeriebener Zitronenschale mischen. Mandeln grob, Zitronat sehr fein hacken. Beides zum Mehl in die Schüssel geben. Bittermandelöl, Salz und die aufgelöste Pottasche zufügen. Mit Ei und der abgekühlten Honigmischung gründlich verkneten. Teig zwei Stunden kalt stellen, dann auf Pergamentpapier etwa einen Zentimeter dick ausrollen. Mandeln abziehen und halbieren, Paranüsse in Scheiben schneiden. Die Schablone für den Stern auf den Teig legen und den Umriß ausschneiden (den restlichen Teig abnehmen und für Lebkuchen verwenden). Nüsse auf dem Stern verteilen und festdrücken. Den Stern mit Hilfe des Pergamentpapiers so auf ein gefettetes, mit Mehl bestäubtes Backblech geben, daß die Nüsse unten liegen. Das Papier vorsichtig abziehen und den Stern mit verquirltem Eiweiß bestreichen. In den Backofen schieben und bei 200 Grad/Umluft 180 Grad/Gas Stufe 3 etwa 20 Minuten backen. Auf dem Blech etwa 15 Minuten ruhen, dann auf einem Rost abkühlen lassen. Puderzucker mit Kaffee glattrühren und in einen Gefrierbeutel füllen. Eine kleine Ecke vom Beutel abschneiden. Den Guß in feinen unregelmäßigen Strichen kreuz und quer über den Stern laufen lassen, bis ein dekoratives Muster entstanden ist. Mit Zuckerperlen verzieren. (ca. 4640 Kalorien).

Nußtarte

▶ Für 16 Stücke; Foto rechts

Teig: 200 g Weizenvollkornmehl,
1 Vanilleschote, Salz, 3 Eßl. Honig,
1 Eigelb, 100 g Butter oder Margarine;
Belag: 250 g Walnußkerne,
150 g Vollrohrzucker
(ersatzweise brauner Zucker),
4 Eiweiß, Fett für die Form;
250 g gemischte Nußkerne, 75 g Honig.

Vollkornmehl, ausgekratztes Vanillemark, Salz, Honig, Eigelb und weiches Fett erst mit den Knethaken des Handrührers, dann mit den Händen verkneten. Den Teig in Folie verpackt etwa eine Stunde kalt stellen. Für den Belag 100 Gramm Nüsse fein mahlen. Mit Vollrohrzucker und zwei Eiweiß unter Rühren erhitzen, bis die Masse fest und zäh ist. Restliches Eiweiß steif schlagen, restliche Nüsse grob hacken. Beide Zutaten unter die noch heiße Nußmasse heben. Den Boden und den Rand einer gefetteten Tarte- oder Springform (Durchmesser 28 Zentimeter) mit dem Teig auslegen. Nußmasse daraufstreichen und mit den ganzen Nüssen belegen. Tarte in den Backofen schieben und bei 200 Grad/Umluft 180 Grad/Gas Stufe 3 20 bis 30 Minuten backen. Heiß mit Honig beträufeln, aus der Form lösen und auf einem Kuchengitter abkühlen lassen (pro Stück ca. 355 Kalorien). Geschenkidee dazu: Kaffee.

Haferflockenschnitten

▶ Für etwa 60 Stück

500 g kernige Haferflocken,
250 g Butter oder Margarine,
250 g Honig, 125 g Pinienkerne
(ersatzweise Mandeln), 1 Teel. Zimt,
Salz; Fett und Mehl für das Blech.

Die Haferflocken mit dem heißen Fett übergießen und gut verrühren. Den flüssigen Honig, 100 Gramm fein gehackte Pinienkerne, Zimt und eine Prise Salz zugeben. Alles mit den Knethaken des Handrührers verkneten und 30 Minuten stehenlassen. Den bröseligen Teig auf ein gefettetes, mit Mehl bestäubtes Backblech verteilen und gut festdrücken. Mit einem Messer Streifen von fünf mal drei Zentimeter Größe vormarkieren und mit den restlichen Pinienkernen belegen. Das Blech in den Backofen schieben, Schnitten bei 200 Grad/Umluft 180 Grad/Gas Stufe 3 etwa 25 Minuten hellbraun backen. Sofort in Stücke schneiden und auf dem Blech ganz abkühlen lassen (pro Stück ca. 90 Kalorien).

TiP Die Schnitten sind ein feines Gebäck für alle, die gerne vollwertige Kekse essen. Dazu paßt ein Päckchen Yogi-Tee mit Gewürzen, den es in Naturkostläden zu kaufen gibt.

Perlhuhnterrine mit Pistazien

▶ Für 10 Scheiben

2 Perlhühner (à ca. 1 kg), 300 g fetter Speck, 1 Ei, 2 Eigelb, 50 g Pistazien, Salz, frisch gemahlener Pfeffer, 200 g hauchdünne Speckscheiben für die Form, Spinat- oder Feldsalatblätter zum Anrichten.

Perlhühner waschen, abtrocknen und Knochen, Haut und Sehnen sehr sorgfältig entfernen. Fleisch (es sollten etwa 800 Gramm sein) und Speck zweimal durch die feine Scheibe des Fleischwolfs drehen. Ei, Eigelb, Pistazien, einen Teelöffel Salz und Pfeffer zugeben und alles mit einem Holzlöffel gut vermischen. Eine ofenfeste Form (1 1/2 Liter Inhalt) mit den Speckscheiben auslegen. Den Fleischteig hineinfüllen und glattstreichen. Restliche Speckscheiben darüberlegen. Die Form mit einem Deckel oder mit Alufolie verschließen und in die mit Wasser gefüllte Fettpfanne des Backofens setzen. Den Ofen auf 200 Grad/ Umluft 180 Grad/Gas Stufe 3 schalten und die Terrine eine Stunde garen. Ofen ausschalten und darin die Terrine in der Form abkühlen lassen. Danach im Kühlschrank über Nacht durchkühlen lassen (pro Scheibe ca. 520 Kalorien). Geschenkidee dazu: Terrinen- oder Pastetenform.

TIP Die Knochen ergeben mit Suppengemüse, etwas Zitronenschale und ein paar Pfefferkörnern, mit Portwein oder Sherry abgeschmeckt eine feine Brühe für Ihr Weihnachtsmenü.

Kürbis-Ananas-Chutney

▶ Für 5 Gläser à 450 g

1,5 kg Kürbis, 500 g Tomaten (ersatzweise 1 große Dose geschälte Tomaten), 1 Ananas, 200 g getrocknete Aprikosen, 500 g Zucker, 1/4 l Obstessig, 2 Teel. Salz, 2 Teel. Curry, 50 g Pistazien.

Kürbis schälen, die Kerne mit den weißen Fäden herauskratzen, das Fruchtfleisch würfeln. Tomaten überbrühen, abziehen und in Stücke schneiden (Dosentomaten abtropfen lassen). Schale der Ananas abschneiden, das Fruchtfleisch ebenfalls würfeln. Die Aprikosen heiß waschen, abtropfen lassen und halbieren. Alle diese Zutaten mit dem Zucker, Obstessig, Salz und Curry in einem großen Topf aufkochen. Im offenen Topf bei mittlerer Hitze etwa eineinhalb Stunden kochen. Zwischendurch umrühren. Gehackte Pistazienkerne unterrühren. Das heiße Chutney in heiß ausgespülte Gläser füllen und sofort verschließen (pro Glas ca. 730 Kalorien).

Eingemachtes Schweinefleisch

▶ Für 4 Gläser à 500 Gramm

2,5 kg Schweinebauch ohne Schwarte und Knochen, etwa 40 g grobes Salz, 1/2 Teel. frisch gemahlener Pfeffer, 3 Nelken, 1 Bund Petersilie, 2 Lorbeerblätter, 1 Bund Thymian (ersatzweise 1 Eßl. getrockneter), 100 g Schweineschmalz; eventuell Schmalz zum Abdecken.

Fleisch würfeln, mit 200 Kubikzentimeter Wasser, Salz, Pfeffer, Nelken, grob zerkleinerter Petersilie, Lorbeerblättern und dem ganzen Thymian-Bund in einen Topf füllen. Zugedeckt bei kleiner Hitze immer knapp unter dem Siedepunkt fünf Stunden kochen. Ab und zu umrühren, damit die Masse nicht ansetzt. Topf von der Kochstelle nehmen. Die Fleischwürfel zerdrücken. Alle Knorpelstücke und nach Wunsch auch die Gewürze entfernen. Schmalz unterrühren, noch einmal aufkochen und alles in Einmachgläser füllen. Abkühlen lassen. Falls sich keine Schmalzschicht auf der Oberfläche gebildet hat, flüssiges Schmalz darübergeben und fest werden lassen. Das eingemachte Fleisch hält sich in geschlossenen Gefäßen bis zu einem Monat im Kühlschrank (pro Glas ca. 3050 Kalorien).

Schwedischer Graved Lachs

▶ Für 10 Portionen

1 kg küchenfertiger frischer Lachs (ohne Kopf, Flossen und Gräten), 2 Bund Dill, 1 Eßl. weiße Pfefferkörner, 1 Eßl. Senfkörner, 50 g grobes Salz, 50 g Zucker.

Den Lachs abspülen und trockentupfen. Eventuell noch vorhandene Gräten entfernen. Eineinhalb Bund Dill hacken. Pfefferkörner und Senfkörner im Mörser zerstoßen. Mit Salz und Zucker vermischen. Eine Lachshälfte mit der Haut nach unten auf eine Platte legen. Mit der Gewürzmischung und Dill bestreuen. Die zweite Lachshälfte mit der Haut nach oben darauf legen. Mit Folie bedecken, ein Holzbrett darauf legen und mit Gewichten (z. B. Konservendosen) beschweren. Im Kühlschrank mindestens 24 Stunden ruhenlassen. Dabei zweimal wenden und mit der sich bildenden Gewürzlake begießen. Vor dem Servieren den Lachs herausnehmen, vorsichtig abwaschen und mit dem restlichen gehackten Dill bestreuen. Die beiden Hälften auf ein Brett legen und schräg in dünne Scheiben schneiden: Das geht sehr gut mit einem langen Lachsmesser oder mit einem Elektromesser (pro Portion ca. 480 Kalorien). Geschenkidee dazu: Lachsmesser und/oder -brett.

Kräuterpaste

▶ Für etwa 220 g; Foto rechts, hinten

Je 100 g Basilikum und glatte Petersilie, 30 g Pistazienkerne, 100 g Parmsankäse, 10 g grobes Salz, 2 Knoblauchzehen, 100 ccm kaltgepreßtes Olivenöl, frisch gemahlener Pfeffer.

Abgezupfte Basilikum- und Petersilienblätter grob hacken. Pistazienkerne und Parmesankäse getrennt im Blitzhacker fein zerkleinern. Kräuter mit Salz und grobgehackten Knoblauchzehen im Mörser oder im Mixer zu einer feinen Paste verarbeiten. Nach und nach Pistazien und Käse daruntermischen. Etwa 80 Kubikzentimeter Öl tropfenweise einrühren. Mit Pfeffer abschmecken. In vorbereitete Gläser füllen, glattstreichen, mit dem restlichen Öl begießen und verschließen (insgesamt ca. 1560 Kalorien).

TIP Beide Pasten schmecken gut zum Aperitif auf frischem Baguette oder kleinen, gerösteten Weißbrotscheiben und auf hartgekochten Eiern. Die Kräuterpaste ist das richtige Geschenk für Kochmuffel, denn sie ergibt eine schnelle Nudelsoße: Mit einigen Löffeln Nudelwasser verrühren und die heißen, gut abgetropften Nudeln untermischen.

Oliven-Kapern-Paste

▶ Für etwa 300 g; Foto rechts, vorne

200 g schwarze Oliven, 1 Dose Sardellenfilets in Öl (Einwaage 50 g), 50 g Kapern, 1 Teel. scharfer Senf, 1 Knoblauchzehe, 1 Eßl. Zitronensaft, frisch gemahlener Pfeffer, 5 Eßl. kaltgepreßtes Olivenöl.

Die Oliven entsteinen. Die Sardellen mit Küchenpapier abtupfen, dann mit kaltem Wasser gründlich abspülen, damit sie nicht zu salzig sind. Abgetropfte Kapern, Oliven und Sardellen grob hacken. Im Mörser oder im Mixer zusammen mit Senf, zerdrückter Knoblauchzehe, Zitronensaft und Pfeffer zu einem feinen Brei verarbeiten. Nach und nach das Öl unterrühren. In ein vorbereitetes Glas füllen und sofort verschließen (insgesamt ca. 1560 Kalorien).

TIP Damit angebrochene Gläser im Kühlschrank nicht verderben: die Paste an der Oberfläche glattstreichen, Glasränder säubern. Eventuell den »Ölspiegel« wieder auffüllen, er schützt die Paste vor Schimmel. Zum Bedienen aus dem Glas ganz sauberes Besteck nehmen. An einem dunklen Ort halten sich die Kräuter- und die Olivenpaste – unangebrochen – ein halbes Jahr und länger.

Gefüllte Datteln

▶ Für etwa 26 Datteln

250 g getrocknete Datteln,
50 g Pistazien, 150 g Marzipanrohmasse, 50 g dunkle Kuvertüre.

Die Datteln der Länge nach mit einem scharfen Messer einritzen und den Kern herauslösen. Pistazien sehr fein hacken. Unter das Marzipan kneten. Die entkernten Datteln damit füllen und auf ein Kuchengitter legen. Die Kuvertüre im Wasserbad auflösen und in einen kleinen Folienbeutel füllen. Ein Eckchen davon abschneiden und ein Muster oder eine Wellenlinie auf die Datteln spritzen (pro Stück ca. 85 Kalorien).

Karamelbonbons

▶ Für etwa 50 Stück

Butter zum Bestreichen;
500 g Zucker, 60 g Butter.

Einen Bogen Pergamentpapier (etwa 20 mal 30 Zentimeter) mit Butter bestreichen und auf ein kleines Backblech legen. Zucker in einer Pfanne bei mittlerer Hitze unter ständigem Rühren schmelzen, bis er hellbraun ist. Pfanne von der Kochstelle nehmen. Butter unterrühren. Die Masse sofort auf dem Pergamentpapier verstreichen und mit einem Messerrücken in Stücke markieren, damit sich die abgekühlten Bonbons besser brechen lassen (pro Stück ca. 50 Kalorien).

Orangentarte

▶ Für 16 Stücke

1 Paket TK-Blätterteig (300 g),
Mehl zum Ausrollen, 125 g Marzipanrohmasse, 100 g Puderzucker,
50 g Orangenmarmelade,
4 unbehandelte Orangen.

Aufgetauten Blätterteig auf Mehl zu einem Quadrat von 26 Zentimeter ausrollen. Marzipan mit 80 Gramm Puderzucker verkneten, zu einem Quadrat von 23 Zentimeter ausrollen und in die Mitte der Teigplatte legen. Orangenmarmelade erhitzen und auf das Marzipan streichen. Orangen kurz in sprudelndes Wasser legen, herausnehmen und kalt abspülen. Früchte in sehr dünne Scheiben schneiden und halbieren. Orangenscheiben kreisförmig auf dem Marzipan verteilen. Kuchen auf ein kalt abgespültes Backblech oder in eine eckige ofenfeste Form legen und bei 200 Grad/Umluft 180 Grad/Gas Stufe 3 etwa 40 Minuten backen. Mit dem restlichen Puderzucker bestäuben (pro Stück ca. 165 Kalorien).

REGISTER

Umwelthinweis
Alle bedruckten Materialien dieses Taschenbuches
sind chlorfrei und umweltschonend.

Der Goldmann Verlag
ist ein Unternehmen der Verlagsgruppe Bertelsmann

Originalausgabe November 1995

Umschlaggestaltung: Design Team München
Umschlagabbildungen: Ortwin Möller (vorne) und Achim Deimling-Ostrinsky (hinten)
Fotos: Heino Banderob (Umschlag vorne, Innenseite, 17, 23, 33, 43), Wolfgang Krüger (13), Ortwin Möller (2/3, 5, 9, 27, 49, 53, 57), Hans-Joachim Schmidt (37, 61)
Satz: Uhl + Massopust, Aalen
Druck: J. P. Himmer, Augsburg
Verlagsnummer: 13874
Lektorat: Sabine Schubert
ss · Herstellung: Heidrun Nawrot
Made in Germany
ISBN 3-442-13874-4

10 9 8 7 6 5 4 3 2 1